Vivências com a Natureza

EDITORA

Para...
Aqueles que experienciam momentos inspiradores e transformadores com a natureza, e para aqueles que desejam compartilhar com outros seu amor pelo mundo natural.

...e para
S.K., que proporcionou-me um grande entendimento sobre a minha vida, por simplesmente viver a sua.

Vivências com a Natureza 1

Joseph Cornell

Guia de atividades para pais e educadores

EDITORA

NATURE GAME.

instituto Romã

JICA
AGÊNCIA DE COOPERAÇÃO INTERNACIONAL DO JAPÃO

Título original: Sharing Nature with Children by Dawn Publications, Nevada, CA.

Coordenação da Edição: Instituto Romã
Tradução: Arianne Brianezi, Claudia Perusso Nardi, Júlia Dojas, Rita Mendonça
Revisão: Adir de Lima
Fotos: Angélica Del Nery
Capa, projeto gráfico e editoração: Luciano Pessoa
Ilustrações: índios Ticuna (extraídas de "O Livro das Árvores" - OGPTB, Organização Geral dos Professores Ticuna Bilíngües - AM, Brasil, 1997); e Luciano Pessoa.

Dados Internacionais de Catalogação na Publicação (CIP)
Lumos Assessoria Editorial
Bibliotecária: Priscila Pena Machado CRB-7/6971

C814 Cornell, Joseph Bharat, 1950-.
Vivências com a natureza 1 : guia de atividades para pais e educadores / Joseph Cornell ; [tradução: Arianne Brianezi ... et al.] ; [ilustrações Índios Ticuna e Luciano Pessoa]. — São Paulo : Aquariana, 2005.
208 p. : il. ; 21 cm.

Título original: Sharing nature with children
ISBN 978-65-5771-001-2

1. Estudo da natureza - Programas de atividades. 2. Jogos infantis. I. Brianezi, Arianne. II. Índios Ticuna. III. Pessoa, Luciano. IV. Título.

CDD 649.5

Editora Aquariana Ltda.
vendas@aquariana.com.br
www.aquariana.com.br

Sumário

ATIVIDADES

Prefácio à edição brasileira

Este livro é um exemplo de como uma obra pode se manter atual e até rejuvenescer com o tempo. Quanto mais ele passa, mais sua riqueza, complexidade e simplicidade se revelam e tornam-se necessárias. Apesar do enorme sucesso que teve em todo o mundo desde o seu lançamento, em 1979, tenho ainda a impressão que ele estava à frente de sua época, adiantando-se às necessidades que ainda estavam por se manifestar.

Essas características talvez surpreendam o leitor, que as esperaria em um livro denso e filosófico. Não em um livro de jogos e brincadeiras com a Natureza. Porém, o que ocorre, na verdade, é que por trás do divertir e deleitar-se com ela está uma visão de mundo profundamente preocupada com o desenvolvimento das potencialidades humanas, fortemente interessada em estabelecer relação e proximidade com o mais humano e divino de cada um de nós. Perspectiva essa que tem estimulado a necessidade, crescente em todo o mundo, de entrar em contato com dimensões mais sutis da natureza humana.

Assim, recomendo ao leitor que procure refletir sobre o que pode haver subjacente a cada uma das atividades propostas; que não as empregue apenas mecanicamente – apesar de elas serem muito eficazes mesmo assim –, mas que fique atento ao que pode surgir em cada momento da prática. Vivemos distanciados do mundo natural, e não é por outro motivo que as ações sugeridas no livro devem ser aplicadas como possibilitadoras de um agradável contato com esses ambientes, mas também como "portas" para nossa reconciliação com eles. Essas atividades podem – e devem – abrir nossos corações para o reconhecimento vivencial (só o racional não basta) de nossa fraternidade com todos os seres, com os quais, percebamos ou não, compartilhamos o ar, a água e a terra deste planeta.

Desde 1979, ano da primeira edição do "Sharing Nature with Children", este livro tem sido utilizado por educadores em todo o mundo. Ele foi traduzido para o português em 1996 e recebeu o nome de "Brincar e aprender com a Natureza", edição atualmente esgotada. Em 1999, foi publicada em inglês uma edição comemorativa do seu vigésimo aniversário, e é essa edição que agora é apresentada ao leitor brasileiro.

O professor Cornell tem viajado pelo mundo oferecendo conferências e oficinas, difundindo suas idéias e aspirações. Esteve no Brasil em 1996 – para o lançamento do "Brincar e Aprender com a Natureza" – e em 1999. Em suas viagens, identificou e nomeou coordenadores nacionais de sua instituição, a "Sharing Nature Foundation". Tive o privilégio do convite para ser coordenadora da Sharing Nature no Brasil, já na sua primeira visita. Desde então, meus esforços para disseminar a técnica e os princípios desenvolvidos por ele restringiram-se ao meu circuito profissional.

Sempre me baseando em diálogos com o professor Cornell e com meus colegas coordenadores de outros países, percebi, em 2002, que já tinha condições de institucionalizar essa representação no Brasil, no intuito de facilitar e ampliar a difusão da proposta da Sharing Nature. Foi dessa forma que, no primeiro semestre de 2003, criou-se o Instituto Romã de Vivências com a Natureza. A partir daí, demos início a uma série de programas para variados perfis de público e às Oficinas de formação de educadores multiplicadores. Nossa sede fica em São Paulo, mas nossa proposta é criar uma rede brasileira de pessoas que compartilham das mesmas idéias em relação às visitas à Natureza. Por isso, apesar de a maioria de nossas oficinas ocorrerem nessa cidade, estamos sempre interessados em realizá-las em outras regiões do país e criar um grupo atuante de profissionais especialistas.

Nossos parceiros no Japão criaram um sistema nacional de representação da Sharing Nature que consegue articular um grande número de pessoas (em 2004, tinham cerca de 10 mil associados), sem perder de vista a qualidade da compreensão e da prática. Um trabalho muito inspirador para nós, pois tememos que o crescimento quantitativo propicie uma diluição na compreensão e prática dos princípios norteadores do trabalho. Em 2005, recebemos no Brasil a visita de uma de suas principais especialistas, Naoko Myioshi, que tem nos ajudado – com sua experiência, dedicação e amizade – a criar materiais e estratégias de difusão. Esse trabalho tem sido realizado com o apoio da JICA (Agência de Cooperação Internacional do Japão), que é também um dos apoiadores deste livro.

Tínhamos de criar uma versão para o português de "Sharing Nature". Depois de diversas e intensas conversas, chegamos à denominação "Vivências com a Natureza", que também inspirou o título deste livro. É uma grande satisfação apresentar o "Vivências com a Natureza 1", uma vez que significa a abertura de caminhos para a difusão e melhor compreensão da proposta da Sharing Nature Foundation no Brasil.

É possível que o leitor já seja um "amante da Natureza". No entanto, vivemos em uma sociedade que expressa justamente o oposto disso em cada uma de suas manifestações. De alguma forma, acabamos nos resignando, aceitando a contradição entre o amor e a agressão a ela para sustentar nossa vida diária. O potencial revolucionário da proposta da Sharing Nature está justamente no fato de conduzir as pessoas a um contato amoroso com a Natureza, e intensificá-lo e ampliá-lo a cada prática, de modo a criar alicerces em nossa experiência, ou seja, em nosso corpo e em nossa alma, preparando-nos para mudanças que conduzam a uma coerência entre o que sentimos e fazemos.

O Brasil é um país imenso, com uma diversidade de ecossistemas e belezas naturais impressionantes. Esta proposta visa alcançar não somente aqueles que vivem próximo aos ambientes naturais, mas a todos, inclusive aqueles em áreas altamente urbanizadas, pois pretende desenvolver um olhar e uma vontade amorosos, para que o melhor da Natureza possa emergir.

Assim, a proteção desses ambientes será almejada não só pelas normas e leis, mas também pelo desejo sincero de nosso povo. Não será esta uma forma de retribuir o privilégio de viver em uma terra tão bonita, rica e generosa?

Rita Mendonça
São Paulo, setembro de 2005

Introdução

 Encontrei Joseph Cornell pela primeira vez em uma estação de trem em Dayton, Ohio. Ele havia acabado de chegar da Califórnia para participar de um Programa de Treinamento Naturalista de treze semanas no Centro Aullwood da National Audubon Society. À medida que me aproximei da estação às 2 horas da manhã, reconheci Joseph deitado de costas em um pequeno pedaço do gramado triangular em frente ao terminal, descansando e meditando sobre a beleza inebriante do céu noturno. Na medida em que me aproximei, ele levantou em um pulo para me cumprimentar com entusiasmo característico, como eu estava a ponto de aprender. Esse foi o começo de uma relação excitante e recompensadora.

O pessoal de Aullwood foi conquistado pela naturalidade de Joseph e por seu amor pela Terra. Quando ele estava no campo, era óbvio que Joseph estava em seu ambiente: ele falava com as árvores, as tocava com amor – e, sim até mesmo as abraçava. Ele tinha uma qualidade quase infantil e sempre parecia a ele que a Terra era um lugar de beleza e mistério. Ele amava trabalhar com crianças e sua felicidade desinibida permitia às essas/crianças serem elas mesmas ao redor dele: brincar de índio na grama alta do campo, subir em árvores e fazer todas aquelas coisas que as crianças adoram. E enquanto ele brincava com elas, Joseph sempre desenvolvia a percepção e sensibilidade em relação a Terra. Enquanto esteve em Aullwood ele escreveu uma dissertação curta sobre jogos do meio ambiente, os quais ainda usamos como apostilas para professores e jovens líderes; e esse livro é uma extensão natural àquela tentativa inicial.

No mundo de hoje da super população e alto consumo, é indispensável que façamos um esforço para manter as pessoas em contato com a Terra: seus ritmos naturais, as mudanças das estações, sua beleza e mistério. De fato, nada será suficiente a não ser que as pessoas sejam ensinadas a amar.

Henry David Thoreau escreveu: "A Terra é para ser mais admirada do que usada". E Rachel Carson em seu livro The Sense of Wonder afirmou que quando a criança é apresentada ao arrebatamento do mundo natural, "Não é tão importante saber quanto sentir". É nesse espírito que Joseph escreveu seu livro – como auxílio para jovens líderes na tentativa de ajudar as crianças a se tornarem mais conscientes do mundo ao redor delas e ajudá-las a conhecer a profunda satisfação pessoal de estar em contato com a Terra.

Paul E. Knoop, Jr. - Diretor de Programa
Aullwood National Audubon Center and Farm

Prefácio à primeira edição

A indescritível beleza de uma flor. A graça de um pássaro voando alto. O som do vento nas árvores: Em algum momento de nossas vidas, a natureza nos toca, a você...a mim... e a todos nós de alguma maneira pessoal e especial. Seu imenso mistério nos revela um pouco de sua pureza, e nos faz lembrar de uma Vida que é maior do que os pequenos afazeres humanos.

Nunca subestimei o valor desses momentos de contato e comunhão com a natureza. Percebi por meio de minha própria experiência e a de muitos outros, que podemos aprofundar nossa percepção até que ela se torne uma verdade, uma compreensão essencial sobre nosso lugar neste mundo.

Pesquisei e desenvolvi os jogos apresentados neste livro durante anos de trabalho com crianças como instrutor de percepção da natureza. Eu queria mostrar às crianças que a natureza pode ser uma grande fonte de inspiração; pois ela é nossa Mãe, e seus ensinamentos são particularmente valiosos para crianças em crescimento. É este o tema central deste livro: aproveitar a natureza para desenvolver experiências alegres e divertidas – para nós mesmos, assim como para nossas crianças e para os seus amigos.

Algumas pessoas são mais racionais e lógicas enquanto outras são mais sensíveis à beleza e à harmonia. Há ainda as que são profundamente tocadas pela sabedoria das grandes tradições. Os cinqüenta jogos apresentados neste

livro revelarão a natureza para crianças e adultos de todos os temperamentos. Cada um dos jogos cria uma situação ou uma experiência na qual a natureza é a educadora. Cada jogo é a língua mediante a qual a natureza fala, às vezes na linguagem do cientista, outras vezes na do artista ou do místico.

O primeiro grupo de jogos faz que entremos em harmonia com nosso ambiente natural nos níveis físico e emocional. Em seguida estão os jogos que criam uma atmosfera tranqüila e contemplativa. (Não pense que os jogos "tranqüilos" são monótonos; vi participantes experimentarem uma atenção tão calma e intensa que as lembranças permaneceram em suas mentes durante anos, e puderam facilmente recordar-se delas e inspirar-se novamente.)

Alguns dos jogos dão-nos uma perspectiva interior de como a natureza funciona – por exemplo, os princípios dos sistemas ecológicos –, mas não de modo monótono ou como em um livro didático. Enquanto jogamos, agimos de modo dinâmico e sentimos diretamente os ciclos e processos naturais. As crianças compreendem e se recordam melhor dos conceitos quando elas aprendem pela experiência pessoal direta.

Outros jogos ainda sintonizam nossos sentimentos mais refinados com as qualidades especiais da natureza: sua paz e beleza; sua energia e grandiosidade; seu mistério e maravilha. Nós comungamos com a natureza diretamente pelo toque, olfato, paladar, visão e som.

Alguns jogos são puro divertimento. A espontaneidade da infância está também nos bosques, nas matas ou no céu estrelado de verão. Quando adultos, acalentamos lembranças de tais cenas de nossa infância porque elas tocam algo profundo dentro de nós.

Tenho a satisfação de oferecer esses jogos de percepção da natureza a você e a suas crianças. Use-os sensivelmente e com alegria e certamente experimentará uma nova sintonia e troca de energia com a sabedoria e bondade da natureza.

Joseph Cornell
Nevada City, Califórnia,
Novembro de 1978

Prefácio à segunda edição

Quando comecei a trabalhar como educador naturalista nos anos 1970, lembro-me da descoberta do quão dinâmicas e eficazes podem ser as atividades com a natureza. As experiências que tive enquanto conduzia tais atividades, faziam-me vibrar porque eu via como elas permitiam que as pessoas tivessem suas próprias experiências diretas com a natureza.

Escrevi *Vivências com a Natureza I*[1] porque queria muito que outras pessoas tomassem conhecimento desses jogos surpreendentes e dessa maneira estimulante de ensinar. Desde a publicação do livro em 1979, tem sido uma alegria ver milhares de pessoas adotarem suas atividades e filosofia com entusiasmo igual ao meu próprio.

Desde a primeira edição há vinte anos, aprendi muito com a experiência de trabalhar em uma grande variedade de cenários e também pelos retornos que tive. Essa edição ampliada comemorativa dos vinte anos da primeira edição, deu-me a oportunidade de acrescentar oito novas atividades e reescrever e adicionar refinamentos a 20 das 42 originais.

Hoje, pais e professores usam *Vivências com a Natureza I* em praticamente todo o mundo. Foi publicado em mais de 15 línguas e há grupos da *Sharing Nature* no Japão, Brasil, Taiwan, Alemanha e Inglaterra. Uma organização de seis mil membros no Japão, composta de professores uni-

1. Original "Sharing Nature with Children". Primeira edição em português: Brincar e Aprender com a Natureza. Editoras Senac e Melhoramentos.

versitários, professores e naturalistas, promove a filosofia e os métodos da Sharing Nature. A *Sharing Nature Worldwide* foi fundada em 1997 para ajudar a aproximar as pessoas em todas as nações.

As pessoas me perguntam freqüentemente se tive de adaptar os jogos da *Sharing Nature* para culturas estrangeiras. Na verdade, descobri que pouquíssimas adaptações são necessárias. Quando ministrei oficinas da *Sharing Nature* pela primeira vez no Japão, em 1986, as pessoas de lá me disseram que as atividades eram "muito japonesas". E na Grécia no ano passado foi-me dito que "elas são muito gregas".

O que faz as atividades da *Sharing Nature* serem tão populares? Acredito que é porque além de ensinar ecologia criativamente, esses jogos ajudam as pessoas a experimentar um profundo sentimento de alegria, serenidade e de pertencimento ao mundo natural.

Desejo-lhe muitos momentos de beleza e inspiração quando praticar essas atividades com os seus amigos de todas as idades.

Joseph Cornell
Nevada City, Califórnia
Fevereiro de 1998

Como ser um eficiente educador na natureza

(Algumas sugestões para ensinar bem)

Antes de começarmos a explorar a natureza com as crianças vamos refletir por um instante sobre o nosso papel de educadores. Quais são as regras básicas para proporcionar às crianças – e a nós – momentos alegres e gratificantes?

Gostaria de partilhar com você as cinco regras da educação ao ar livre que me ajudaram a trabalhar com a energia vibrante das crianças, desafiando-as a deixar de lado as travessuras e buscando atividades mais construtivas e principalmente mais agradáveis. Subjacentes a essas regras estão as atitudes básicas de respeito pelas crianças e reverência pela natureza – atitudes que elas seguramente perceberão.

1. **Ensine menos e compartilhe mais.** Além de descrever às crianças os simples fatos da natureza ("Aquela é uma cicuta de montanha"), gosto de contar-lhes o que sinto quando estou diante daquela árvore. Falo sobre minha admiração e respeito por ela ao constatar como resiste às intempéries – na época da seca e das chuvas abundantes, e quando os ventos fortes do inverno tentam vergar e quebrar seus galhos. E digo-lhes que tenho curiosidade em descobrir como as raízes da cicuta de montanha conseguem encontrar nutrientes capazes de suprir suas necessidades num solo por vezes infértil.[2]

As crianças reagem a essas observações com muito mais espontaneidade do que reagiriam diante de explicações teóricas. No meu caso, tomo como exemplo uma árvore de cicuta que cresceu no campo próximo ao local onde eu trabalhava. Ela estava localizada entre duas pedras enormes, e suas raízes estendiam-se a mais de sete metros de profundidade até alcançar o solo rochoso. Na ocasião, a árvore tinha no mínimo duzentos anos e apenas oito metros e meio de altura. As crianças freqüentemente se desviavam dos caminhos que costumavam percorrer para despejar a água de seus cantis nas raízes da árvore. Várias delas retornaram ao local ano após ano para observar a luta obstinada daquela árvore para sobreviver num ambiente tão hostil.

Logo que chegavam, elas corriam para ver como a árvore conseguira resistir durante longos períodos de seca e no outono e inverno rigorosos. Toda aquela preocupação e demonstração de amor despertaram em mim um respeito ainda mais profundo pela árvore.

2. Nas florestas tropicais são impressionantes as figueiras com suas raízes externas tão grandes. Os cipós nos fazem perguntar onde começam e por que dão tantas voltas.

Considero importante que um adulto partilhe seus sentimentos com as crianças. Somente quando compartilhamos nossos mais profundos pensamentos e sentimentos é que transmitimos aos outros – e os inspiramos – o amor e o respeito pela Terra. Ao expor nossas idéias e sentimentos, incentivamos a criança a explorar respeitosamente seus próprios sentimentos e percepções, surgindo daí uma extraordinária amizade e confiança mútua entre o adulto e a criança.

2. **Seja receptivo.** Receptividade significa ouvir e estar atento. É uma das atitudes mais gratificantes que você pode cultivar quando trabalha com crianças. O ambiente ao ar livre provoca um entusiasmo espontâneo na criança e, com habilidade, você poderá direcioná-la para o aprendizado.

Seja sensível: cada pergunta, cada comentário, cada exclamação é uma oportunidade para a comunicação. Corresponda à expressão de sentimentos e estados de humor das crianças em cada momento. Amplie o interesse delas a partir da própria curiosidade que demonstrarem. Ao respeitar as opiniões de uma criança, você constatará que os momentos passados junto com elas fluirão com mais facilidade e alegria.

Fique também alerta ao que se passa na natureza naquele momento. Quase sempre há algo emocionante ou interessante acontecendo. O seu planejamento de aula será feito passo a passo, se você estiver sintonizado com atenção sensível.

3. **Concentre a atenção da criança.** Estabeleça o estilo do passeio desde o início. Envolva cada uma das crianças o mais que puder, formulando perguntas e indicando aspectos e sons interessantes. Algumas crianças não estão acostumadas a observar a natureza tão de perto, portanto descubra algo que lhes desperte o interesse, que as conduza progressivamente a uma observação apurada. Deixe-as perceber que suas descobertas também são interessantes para você.

4. **Observe e sinta primeiro; fale depois.** Às vezes os espetáculos produzidos pela natureza captam a atenção da criança, deixando-a encantada: a pulsação do sangue nas delicadas asas transparentes de uma libélula que repentinamente aparece, um cervo solitário pastando numa clareira. Mesmo que não seja possível presenciar esses eventos especiais, a criança poderá ter uma experiência de encantamento observando atentamente alguns acontecimentos corriqueiros. Elas possuem uma admirável capacidade de ficar absortas naquilo que estão vendo. Passarão a compreender muito mais os elementos que as rodeiam unindo-se a eles, do que por meio de explanações de terceiros. As crianças raramente esquecem uma experiência direta.

Não se preocupe por não saber os nomes de todas as coisas. Os nomes de plantas e animais são apenas rótulos superficiais para aquilo que elas verdadeiramente são. Assim como a sua essência não está presa ao seu nome nem ao seu físico ou personalidade, há também muito mais num carvalho, por exemplo, do que um simples nome e uma lista de acontecimentos relacionados a ele. Você poderá ter uma compreensão muito mais profunda de um carvalho se observar como ele se altera conforme as mudanças de luminosidade nos diferentes momentos do dia. Observe a árvore por meio de perspectivas menos usuais. Apalpe e sinta o cheiro de sua casca e de suas folhas. Sente-se silenciosamente em seus galhos, ou debaixo deles, e fique atento a todas as formas de vida que existem dentro e ao redor da árvore e que dependem dela.

Olhe. Faça perguntas. Tente adivinhar. Divirta-se! Seu relacionamento com a criança tende a se transformar, tão logo ela começa a se sentir em sintonia com a natureza. E você passará de professor a companheiro de aventuras.

5. **Um clima de alegria deve prevalecer durante a experiência.** Seja em forma de atividades agitadas e engraçadas ou silenciosas e concentradas. As crianças estão mais prontas para aprender quando há uma atmosfera de alegria e entusiasmo. Lembre-se de que o seu próprio entusiasmo é contagiante e essa talvez seja sua ferramenta mais poderosa como educador.

Escolha a atividade adequada ao tempo e ao local

As atividades na natureza contidas neste livro ensinarão várias lições às crianças – algumas óbvias, outras muito sutis. Talvez você escolha determinadas atividades pelos conceitos que elas transmitem ou pelas qualidades pessoais que elas desenvolvem na criança. Você pode também escolher atividades para complementar a animação do grupo ou produzir uma mudança desejável de atitude ou energia. Para que você possa reconhecer rapidamente qual é a finalidade de cada atividade, incluí em todas elas um pequeno quadro de referência, como segue:

A. Experiência direta

B. Atração de pássaros, empatia, paciência

C. Dia e noite/ bosque, floresta

D. 1 a 3 por grupo

E. 7 anos em diante

F. Cobertor grosso, bastão

Cada linha ou símbolo tem o seguinte significado:

Símbolo. A característica básica de cada atividade é indicada simbolicamente por um destes quatro animais:

Lontra --> Despertar o entusiasmo

Energético / brincalhão – A lontra passa seus dias fazendo travessuras; é o único animal que brinca (constantemente!) durante toda a vida adulta; ela é a personificação da alegria exuberante da natureza.

Corvo --> Concentrar a atenção

Atento / observador – O corvo é um animal extremamente alerta e inteligente, que está sempre observando com perspicácia tudo o que acontece.

Urso --> Experiência direta

Calmo / Experimentador – Os ursos são muito curiosos e levam uma vida solitária e tranqüila. Seu temperamento faz que eles simbolizem muito bem uma experiência profunda com a natureza.

Golfinho --> Compartilhar inspiração

Reflexivo / altruísta – Os golfinhos são criaturas gregárias e altruístas. Eles cooperam e cuidam uns dos outros. Parece que têm consciência das outras formas de vida. São um belo símbolo do altruísmo e do desejo de compartilhar.

A. Conceitos, atitudes e qualidades

B. Quando e onde brincar

C. Número necessário de participantes

D. Faixa etária indicada

E. Materiais específicos necessários, se houver

Usar as atividades seqüencialmente torna a experiência mais eficaz. Por exemplo, para começar você provavelmente preferirá as atividades alegres e divertidas da Lontra, a fim de despertar o entusiasmo de seu grupo. Depois, escolha as atividades do Corvo para focar a atenção de todos. Uma vez que as crianças estão atentas, elas poderão apreciar melhor as atividades mais sensíveis e vivenciais do Urso. As atividades dos Golfinhos são perfeitas para um bom encerramento, pois encorajam a todos a compartilhar a inspiração que estão sentindo.

No final do livro você encontrará todas as atividades classificadas de quatro maneiras: de acordo com as atitudes e qualidades que despertam nas crianças; de acordo com os conceitos que ensinam; de acordo com o ambiente a que melhor se adaptam; e de acordo com a atmosfera que criam. Espero que este sistema lhe possibilite fazer o melhor e o mais criativo uso dessas brincadeiras e atividades.

Parte 1.

Focando a natureza

Há alguns anos, uma naturalista de um acampamento educativo em Ohio levou um grupo de crianças a uma excursão muito especial. Naquele dia, em vez de líder, fui um participante do grupo e ainda guardo uma agradável recordação do passeio. Nossa guia criou situações que proporcionaram experiências fortes e impactantes que asseguraram um contato profundo, novo e pessoal com o mundo natural.

A maioria das crianças nunca estivera numa floresta sempre verde, e íamos conhecer uma das poucas florestas de pinheiros no sul de Ohio. (Esse conjunto de pinheiros foi plantado há muitos anos como parte de um arboreto, local onde as árvores são estudadas cientificamente.) As crianças

estavam entusiasmadas, e sua grande energia foi habilmente direcionada por nossa guia para criar um emocionante contato com a floresta.

Primeiro, ela nos levou a uma plantação de pinheiros de Natal. Girando os braços num movimento gracioso e com um brilho no olhar, ela nos comunicou: "Esta é a floresta dos pinheiros". Seguiram-se murmúrios e reações de desapontamento – as árvores eram pouco mais altas que as crianças.

Depois, ela colocou uma venda em nossos olhos e conduziu-nos através de uma ensolarada floresta decídua[3]. Logo a seguir, ouvimos o som de um riacho e sua voz dizendo: "Aqui há uma ponte estreita, e vocês terão de atravessá-la, um de cada vez". A primeira criança iniciou a travessia, e ouvimos o som de um riso nervoso. O restante do grupo aguardava apreensivo, sem saber o que havia pela frente.

Chegou a minha vez e comecei a tatear o caminho, procurando dar cuidadosamente o primeiro passo sobre a ponte. Logo entendi! Não era à toa que gritávamos – a ponte balançava fortemente de um lado para o outro e, ao mesmo tempo, subia e descia. Em meio aos rangidos das cordas e da madeira, eu ouvia o som de água correndo a uma grande profundidade. Quando cheguei à outra extremidade da ponte, fui saudado com uma salva de palmas; a naturalista havia tirado a venda dos olhos das crianças para que pudessem observar minha travessia. Ao tirar a minha própria

3. Florestas que possuem árvores que perdem as folhas no inverno, comuns nos países temperados.

venda, avistei uma ponte pênsil muito bem construída, com corrimões lustrosos pelo uso.

Recolocamos as vendas nos olhos e retomamos o caminho. Logo depois, o som de nossos passos mudou. Não ouvíamos mais o estalido das folhas – apenas um ruído abafado e macio à medida que caminhávamos. Em seguida, percebemos uma sombra escura ao redor e um profundo silêncio – raríssimos sons das aves e nenhum movimento de folhas ao vento. Uma das crianças rompeu o silêncio: "Onde estamos?".

A naturalista respondeu: "Deitem-se de costas e procurem sentir o que há de especial neste lugar".

Ficamos deitados durante longo tempo, desfrutando a profunda tranqüilidade do local. Finalmente, a naturalista pediu que tirássemos as vendas dos olhos. Projetando-se em direção ao céu havia uma imensidão de magníficos pinheiros. Senti elevar-me com eles e fui tomado por um sentimento de admiração e respeito – nunca havia visto uma floresta dessa maneira. As crianças estavam completamente deslumbradas. Por fim, sentamo-nos e nos olhamos, expressando silenciosamente nossa perplexidade. Caminhamos livremente pela floresta, tocando as árvores e observando atentamente aquele santuário.

É necessário que haja uma feliz combinação entre ambiente e receptividade para termos uma profunda experiência como essa. É disto que as brincadeiras deste capítulo tratam: proporcionar-nos um contato novo e misterioso com outros membros do mundo natural.

JANELAS DA TERRA

A floresta fica atraente e nova quando você a vivencia de um novo ângulo. Nesta brincadeira, as crianças deitam-se quietas no chão da floresta, concentradas em observar e ouvir o balanço dos galhos das árvores, o esvoaçar dos pássaros e a agitação do vento. Através das brechas entre as copas das árvores, nuvens silenciosas espreitam o quarto improvisado das crianças na floresta. Os animais poderão se aproximar porque elas estão imóveis e escondidas.

Peça que todas se deitem e comecem a pensar em si mesmas como fazendo parte da Terra, olhando em direção ao céu. Cubra o corpo de cada criança com folhas, gravetos e ramos, deixando livre as laterais da cabeça. Apenas o rosto deve ficar exposto e use muitas folhas e gravetos para que ela tenha a sensação de estar dentro da Terra. Depois coloque folhas sobre o rosto delas como se fosse uma colcha de retalhos. Verifique se as folhas estão limpas e peça que a criança feche os olhos enquanto você coloca a última camada de folhas.

A. Experiência direta
B. Apreciação estética, percepção visual
C. Dia / chão da floresta
D. 1 ou mais
E. 7 anos em diante
F. Nenhum

Diga às crianças que você dará um sinal quando chegar a hora de levantar; assim elas permanecerão por mais tempo sob as folhas sem ficar impacientes. Você deve dar o sinal antes que isso aconteça. Constatei, com surpresa, que um espaço de vinte minutos não é um tempo demasiado longo na maioria das vezes.

Num grupo grande, seja rápido e deixe que as crianças cubram umas às outras. Trabalhe numa única direção, distanciando-se daquelas que já estão prontas. Assim, quando a criança que foi coberta em primeiro lugar se levantar, você poderá afastá-la das demais que ainda estão desfrutando o silêncio da floresta. Se houver uma ou mais crianças que queiram conversar ou perturbar as outras, faça que fiquem mais distantes.

As crianças gostarão muito mais da idéia de ficar cobertas com terra e folhas se tiverem cavado e rastejado pelo chão da floresta antes do início da brincadeira. É também importante adverti-las com antecedência sobre pequenos animais que talvez caminhem sobre elas. Coloque a idéia em prática! Você pode querer deixá-las brincar com esses pequenos animais, deixando que caminhem sobre elas. Isso em geral é bastante divertido – as crianças deixam de lado o preconceito adquirido contra os insetos e passam a apreciar essas fascinantes criaturas. Estimule-as a permanecer calmas enquanto estiverem deitadas sob as folhas e com os bichinhos caminhando em cima delas; peça-lhes para apenas sentir o que os insetos estão fazendo para que possam contar suas experiências aos outros mais tarde.

Janelas da Terra proporciona uma experiência por meio dos próprios olhos da floresta.

BATIDAS DO CORAÇÃO DA ÁRVORE

A árvore é um ser vivo. Ela come, descansa, respira e seu "sangue" circula tanto quanto o nosso. O som das batidas do coração de uma árvore é uma incrível melodia do fluxo de vida. O início da primavera é a melhor época para ouvirmos as batidas do coração da floresta, quando as árvores enviam os primeiros fluxos de seiva para seus galhos, preparando-os para mais um período de desenvolvimento.[4]

A. Experiência direta
B. Empatia, fisiologia da árvore
C. Dia / floresta
D. 1 ou mais
E. 4 anos em diante
F. Estetoscópio

Escolha uma árvore com tronco de quinze centímetros de diâme-

4. Essas referências aplicam-se aos países temperados, onde as estações do ano são bem marcadas.

tro, no mínimo, cuja casca seja fina. As árvores decíduas são melhores para serem ouvidas do que as coníferas, e, mesmo pertencendo à mesma espécie, algumas podem ter uma batida mais forte do que outras. Pressione um estetoscópio firmemente contra a árvore e não o movimente para não provocar ruídos de interferência. Você pode ter que experimentar em vários pontos diferentes no tronco da árvore até encontrar o lugar ideal.

As crianças vão querer ouvir as batidas de seus próprios corações. Ouçam também as batidas dos corações de mamíferos e aves - a variedade de sons e ritmos é fascinante.

INTRODUÇÃO ÀS ATIVIDADES COM OLHOS VENDADOS

As atividades desta parte do livro estimulam a imaginação das crianças talvez mais do que quaisquer outras nele contidas.

Os jogos com os olhos vendados desviam os pensamentos que temos em relação a nós mesmos e liberam nossa percepção para captar melhor o mundo à nossa volta. A visão é o sentido do qual mais dependemos. Impedidos de enxergar, somos forçados a recorrer à audição, ao tato e ao olfato, sentidos menos usados do que a visão. Nossa atenção passa a ficar fortemente focada nesses outros sentidos, e nossa percepção intensifica-se por meio deles. O burburinho de nossas mentes é reduzido, e as informações trazidas pelo estímulo dos outros sentidos passam a predominar.

Guardo bem viva na memória minha primeira experiência com os olhos vendados. Fui conduzido em direção a um riacho, onde entrei com água até os joelhos, caminhando dentro dele e sentindo a correnteza. Meu monitor perguntou-me se eu gostaria de boiar naquela água corrente. Concordei, e lá fomos nós! Principiamos com muita cautela, mas logo consegui relaxar e deixar-me levar pela correnteza, flutuando à deriva. Fiquei fascinado com as correntes que cruzavam o riacho, girando e cingindo meu corpo, enquanto o murmúrio, o bramido, o zunido e o borbulhar das águas compunham a mais bela música. Nunca havia conhecido um riacho tão encantador!

(Atenção: A menos que você e seu monitor estejam familiarizados com esse tipo de correnteza e saibam como agir com segurança na água, é melhor começar as experiências de olhos vendados utilizando-se de uma das atividades deste capítulo.)

CAMINHADA CEGA

É bastante simples organizar e conduzir uma **Caminhada Cega**. Forme pares, misturando adultos com crianças ou só crianças se elas tiverem maturidade suficiente. Cada par decidirá quem será o líder em primeiro lugar e quem terá os olhos vendados. O líder deve conduzir seu parceiro em qualquer caminho que lhe pareça atrativo, ficando sempre atento a pedaços de pau, galhos de árvore muito baixos e outros obstáculos. O líder também deve direcionar as mãos do companheiro para objetos interessantes

A. Experiência direta
B. Percepção sensorial, confiança
C. Dia / qualquer local
D. 2 ou mais
E. 7 anos em diante
F. Vendas para os olhos

e conduzi-lo a uma variedade de sons e odores diferentes. Lembre-se de demonstrar como guiar uma pessoa com segurança, e de dizer aos líderes que eles são os olhos de seus parceiros vendados.

Quando as pessoas tentam alguma coisa nova, freqüentemente ficam tensas e começam a rir e a fazer piadinhas. Como cobrir os olhos pode ser uma experiência muito diferente para muitas crianças, o seguinte jogo pode ajudar, se praticado antes das atividades com os olhos vendados. Peça a todos para sentar em círculo e fechar os olhos. Diga-lhes que você vai fazer passar um objeto pela roda e que cada pessoa deverá usar seus sentidos do olfato, tato e talvez a audição para descobrir algo novo sobre ele. Peça a cada participante para compartilhar suas descobertas antes de passar o objeto para o próximo jogador.

A. Experiência direta
B. Empatia, percepção olfativa e tátil
C. Dia / mata
D. 2 ou mais
E. 4 anos em diante
F. Vendas para os olhos

ENCONTRE A ÁRVORE

Esta brincadeira é destinada a grupos de no mínimo duas pessoas. Forme pares. Coloque vendas nos olhos de seu companheiro e conduza-o para qualquer árvore que lhe pareça atraente. (A distância percorrida dependerá da idade e da capacidade de orientação do parceiro. Para quase todas as crianças, menos as menores, uma distância de vinte a trinta metros é razoável.)

Ajude a criança "cega" a explorar sua árvore e sentir sua singularidade. Acho que sugestões específicas são melhores. Por exemplo: se você disser à criança "Sinta a árvore", ela não reagirá com o mesmo interesse que se você disser "Passe o rosto na casca da árvore". Em vez de dizer "Examine a árvore", seja específico: "Será que esta árvore ainda está viva?... Você consegue colocar os braços ao redor dela?... A árvore é mais velha do que você?... Você pode encontrar alguma planta crescendo nela?... Há indícios de animais?... Liquens?".

Quando seu parceiro terminar a exploração, conduza-o de volta ao ponto inicial, mas por um outro caminho. A seguir, retire a venda dos olhos e deixe que a criança tente descobrir a sua árvore com os olhos abertos. Ao procurar onde está sua árvore, a criança perceberá que as árvores da

mata que antes pareciam indistintas têm agora uma individualidade.

Uma árvore poderá ser uma experiência inesquecível na vida das crianças. Muitas vezes elas retornam um ano após termos brincado de **Encontre a Árvore** e arrastam-se literalmente para a floresta para dizer: "Olhe! Esta é minha árvore!".

TRILHA CEGA

A. Experiência direta
B. Percepção sensorial, confiança
C. Dia / qualquer lugar
D. 1 ou mais
E. 7 anos em diante
F. Corda para indicar a trilha, vendas

Trilha Cega é uma atividade em que o grupo de olhos vendados é guiado por uma corda através de espaços que estão cheios de sons diferentes, odores misteriosos e texturas interessantes. A maioria dos participantes mal consegue esperar para refazer a caminhada com os olhos abertos por essa região mágica.

Para que a atividade fique animada, descubra uma área que ofereça uma variedade de experiências. Aqui está um bom exemplo de uma **Trilha Cega**: seguir a trilha de uma floresta ensombreada; subir num toco de madeira coberto de musgo; chegar a uma clareira ensolarada cheia de abelhas zunindo; mergulhar outra vez na floresta (desta vez caminhando lentamente sob uma cobertura florestal densa), sentir e ouvir as lisas folhas secas e pontiagudas estalando sob as mãos e os joelhos. O aroma da vegetação úmida e o grasnado de patos assustados estarão anunciando sua chegada a algum lugar que poderá ser apenas um lago.

A organização de uma boa **Trilha Cega** requer bastante tempo; porém, mesmo que seja rapidamente improvisada, valerá a pena. Os elementos importantes que você deve ter em mente são: variação, tema e mistério. Por exemplo: você poderá criar experiências variadas de tato, audição e olfato; ou proporcionar contrastes dentro de qualquer um desses sentidos – uma rocha áspera e outra lisa; folhas novas e tenras e folhas secas, quebradiças e mortas; ou um aroma forte de umidade e uma doce fragrância de primavera. (Faça um nó na corda para indicar que há um cheiro interessante nas proximidades.) Outra variação consiste em deixar a corda ora abaixada, ora levantada, prendendo-a em objetos interessantes no solo e em lugares altos.

Um tema específico ajuda a conciliar as várias experiências nas mentes das crianças, principalmente se você lhes disser que ele será especial. Aqui estão alguns exemplos: identificar árvores; explorar o hábitat de um animal; ou comparar climas locais. (Clima local é uma área bem definida – como o lado norte e ensombreado de uma montanha – com suas próprias condições exclusivas de temperatura, umidade e vegetação.) É fácil incluir um elemento de mistério: qualquer coisa desconhecida é um mistério. Por exemplo, um fio pendurado de um ponto principal e descendo por um buraco fundo em uma árvore é uma boa experiência de mistério.

Antes de traçar a trilha, decida de que lado da corda as crianças deverão caminhar. (Peça-lhes que fiquem daquele lado.) Não se esqueça da segurança e verifique se não existem plantas ou animais venenosos no local.

Um estado de espírito calmo e receptivo ajuda muito a criança a apreciar a trilha, por isso é importante que a experiência da **Trilha Cega** seja precedida de uma história ou de outra atividade tranqüila. Antes de iniciar a brincadeira, você deverá guiar as mãos das crianças em direção a um tronco de árvore. Peça-lhes que abracem a árvore para descobrir seu tamanho e como ela é. Ofereça-lhes uma folha para que cheirem. Dê-lhes uma idéia de como explorar a trilha, para que não corram simplesmente por ela. Incentive-as a ficarem em silêncio enquanto fazem suas explorações.

Mantenha a distância entre as crianças para não formar congestionamentos ao longo da trilha. Cada criança poderá ir no seu próprio ritmo e você deverá intercalar as mais rápidas com as mais lentas. Recomenda-se ter um monitor ou um participante responsável no final da linha, para receber as crianças quando elas terminarem. (Você também pode ter outros monitores em pontos específicos ao longo da trilha.)

Uma pergunta divertida para fazer às crianças quando estiverem terminando (antes que elas possam ter olhado para a trilha) é: "Que tamanho vocês acham que a trilha tem?" Em geral, elas superestimam o tamanho porque tiveram uma intensa experiência por meio da ampliação da percepção dos sentidos.

A **Trilha Cega** é uma das minhas brincadeiras favoritas. Ela desenvolve o espírito de receptividade necessário a todos os tipos de experiência com a natureza.

FAZ-DE-CONTA

A. Experiência direta
B. Concentração, empatia
C. Dia e noite / qualquer lugar
D. 1 ou mais
E. 4 anos em diante
F. Nenhum

Imagine que você é uma pluma de dente-de-leão[5], flutuando à deriva. Ou uma árvore; sinta seus galhos mais altos balançando ao sabor do vento. Torne-se um filhote de lobo saltitando numa clareira florida ou um urso hibernando em sua caverna.

Brincar de **Faz-de-conta** conduz a aprofundar-se nas qualidades, no modo de ser e no comportamento das várias formas de vida da natureza, permitindo que os participantes sintam as respostas de seu próprio coração e mente em relação a elas.

O fato de sermos humanos nos torna por vezes prisioneiros. O prazer e o apreço pela vida dependem de nossa habilidade em perceber os sentimentos de outras criaturas, indo além de nossas autodefinições para poder desfrutar a alegria proporcionada pela empatia com elas e pelo esquecimento de nossos papéis costumeiros.

Escolha um animal, planta, árvore, rocha ou montanha – qualquer coisa – e faça de conta que você *é* um deles. Coordene seu corpo e sua imaginação para vivenciar a existência, a movimentação e os sentimentos de outras formas de vida. Você é uma libélula, e, à medida que vai dançando

5. Dente-de-leão é aquela planta do mato que tem o caule leitoso, dá flores amarelas e, no final de seu ciclo, forma bolas de plumas, que as crianças gostam de assoprar para vê-las voar.

por entre os juncos à beira da água, uma brisa morna do verão sopra sobre suas asas. Você é uma raposa e sente a neve macia e fria sob suas patas; seu pêlo grosso protege-o contra o vento gelado, mas seu estômago vazio ronca. Faminto, você observa um rato que corre pela neve, parando a cada momento para farejar a grama congelada.

Quanto mais você se colocar no mundo do faz-de-conta, mais absorverá a individualidade e os sentimentos daquele elemento que decidiu ser. Quanto mais profundamente se concentrar, mais experimentará sentimentos de singularidade e empatia.

Cenas simples tais como a pluma de dente-de-leão ou uma árvore envergada pelo vento são as melhores para os iniciantes na arte do faz-de-conta. A prática em grupo também é interessante – você se concentrará menos em si mesmo quando todos estiverem participando da mesma atividade ao seu redor. Tente ser uma serpente ou um bicho de goiaba avançando lentamente; ou imite o ciclo de vida de uma figueira: primeiro, seja a semente no solo, depois vá ganhando força e estatura à medida que se transforma numa enorme árvore adulta, em seguida comece a apodrecer e cair e, finalmente, seja absorvido de novo pelo solo, onde sua vida principiou. Todo esse ciclo de vida poderá ser representado em um ou dois minutos. À medida que for adquirindo confiança e concentração, você poderá se entreter com fantasias mais complicadas.

Um bando de patos selvagens de asas acinzentadas faz um vôo rasante por entre as folhagens de um pântano, em seguida dá um giro e voa para o alto. Cada pato imita o líder, e o bando movimenta-se como se fosse uma só ave. Você desce graciosamente em direção àquela água tranqüila.

Mude o tema: organize uma audiência pública para saber se deve ser construída uma represa num determinado rio. Surgem interessados para participar da reunião – um fazendeiro, um pescador, uma truta, um salmão, um cervo, um algodoeiro, uma libélula, um peixe, um mosquito e quaisquer outros que devam ser consultados.

Proporcione um ambiente de cooperação sem críticas durante as brincadeiras de **Faz-de-conta**. Deixe que a criança aja por conta própria, sem medo de comparações ou competições.

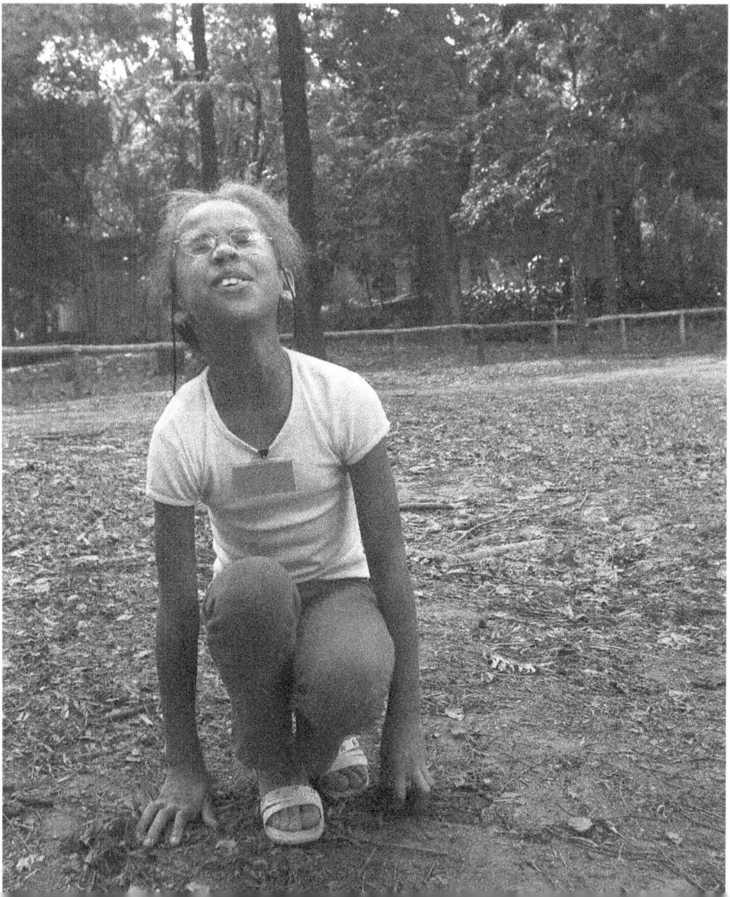

Parte 2.

Até onde você vê?

Quando chegam em um novo ambiente, automaticamente as crianças se lançam numa exploração inédita. Descem correndo montanhas íngremes; tentam subir, descer e atravessar obstáculos como riachos, tocos de árvores, penhascos e pedras grandes. As brincadeiras deste capítulo abrangem esse tipo de espírito aventureiro a fim de que as crianças se tornem mais sensivelmente atentas a seu ambiente.

Mesmo um simples passeio pelo campo durante o dia pode se transformar numa aventura, proporcionando aprendizado e intensificando a percepção. Nesses passeios, quando chegamos ao ponto de voltar, costumo perguntar às crianças se sabem encontrar o caminho de volta. (Durante a ida, indiquei-lhes alguns pontos importantes e pedi-lhes que observassem o caminho por onde passávamos, olhando para trás de vez em quando.) Há sempre um breve momento em que ficam assustadas com a proposta, quando se dão conta de que é responsabilidade delas conduzir-nos de volta. Depois de muitas consultas e algumas discussões brandas, acabam escolhendo um líder e uma direção a seguir. Freqüentemente, sou acusado de deixar de assumir a liderança por não saber o caminho de volta. As crianças, contudo, quase sempre o encontram sem minha ajuda... mesmo que levem a noite inteira.

Certa vez estávamos fazendo uma excursão à noite quando ouvimos uma coruja piando a distância. Decidimos tentar chegar perto dela, mas, à medida que nos aproximávamos, ela voava cada vez mais para o interior da mata. Por volta de meia-noite, quando ainda não havíamos conseguido ver a coruja de perto, concluímos que era hora de retornar ao acampamento. Perguntei aos garotos qual era o melhor caminho de volta e vi sete dedinhos apontando para direções quase que totalmente opostas!

Não havia nenhum sinal de chuva, e a temperatura não estava muito fria para uma noite no alto da serra, por isso eu lhes disse que poderiam tentar encontrar o caminho de volta sem minha ajuda. O garoto mais velho do grupo assumiu a liderança, e eu comandei a retaguarda. Todavia logo ficou evidente que nosso líder não sabia voltar. Sua posição no grupo impedia que os demais participantes manifestassem sua dúvida, mas, quando retornamos ao ponto em que tínhamos começado, ele foi rapidamente deposto e outro garoto assumiu a liderança. E assim continuamos a trocar de líderes enquanto vagávamos pela mata à noite. Finalmente os garotos perderam o orgulho e admitiram que não conseguiriam encontrar o caminho de volta no escuro.

Percebi que a maioria deles queria dormir e continuar a tentativa na manhã seguinte. Embora estivéssemos sem sacos de dormir ou agasalhos quentes, decidimos passar a noite naquele lugar da melhor forma possível, aconchegando-nos uns aos outros para nos aquecer. Aqueles cujas roupas eram mais leves foram colocados no meio, e o restante do grupo foi se amontoando sobre eles e ao seu redor.

Tudo correu bem durante cerca de trinta minutos, quando os garotos que estavam espremidos sob os demais começaram a se contorcer para sair. Os que estavam ao redor deles aproveitaram a oportunidade e foram se ajeitando de modo a ficar no meio para receber um pouco de calor. Os garotos de cima estavam gelados, e os de baixo, esmagados; só conseguíamos nos sentir confortáveis e aquecidos enquanto ficávamos temporariamente no meio daquele constante vaivém.

Depois de quatro horas de contorções, uma fraca luminosidade acinzentada surgiu na direção leste, prometendo pôr fim à nossa luta. Levantamo-nos e passamos a pular e a dançar para nos aquecer enquanto aguardávamos a chegada do sol.

À luz do dia, foi fácil para o grupo orientar-se e encontrar o caminho de volta. Chegamos ao acampamento com os olhos turvos, mas vitoriosos e orgulhosos. Um ano mais tarde os mesmos garotos vieram me suplicar para passarmos outra vez uma noite ao ar livre.

Não é necessário que você tenha uma experiência como esta – a menos que queira. As brincadeiras deste capítulo são semelhantes no que se refere à capacidade de deixar as crianças profundamente interessadas em observar a natureza o mais que puderem.

A. Concentrar a atenção
B. Percepção auditiva
C. Dia e noite / qualquer lugar
D. 1 ou mais
E. 3 anos em diante
F. Nenhum

SONS e CORES

Numa floresta, num prado, num pântano ou num parque, um grupo de crianças senta-se ou deita-se de costas com as mãos fechadas e levantadas. Cada vez que alguém ouvir um novo canto de pássaro le-

A. Concentrar a atenção
B. Percepção visual
C. Dia / qualquer lugar
D. 1 ou mais
E. 4 anos em diante
F. Nenhum

vantará um dedo. Quem ouviu mais? Esta brincadeira é excelente para que as crianças fiquem atentas aos sons (e quietude) da natureza. Para ficar mais divertido, veja se você consegue contar até dez sem ouvir nenhum pássaro cantar. Diversifique a brincadeira ouvindo sons de animais em geral – ou qualquer outro som, como o vento batendo na relva, a queda das folhas, a correnteza da água. Veja se você pode seguir o som do vento à medida que ele flui pela floresta.

Para fazer com que as crianças se concentrem mais profundamente em qualquer ambiente natural, pergunte-lhes quantas cores e formas diferentes conseguem ver a sua frente, sem se mover.

TRILHA DE SURPRESAS

A. Concentrar a atenção
B. Camuflagem, percepção visual
C. Dia / floresta, mata
D. 1 a 30
E. 5 a 13 anos
F. Vários objetos fabricados pelo homem

Esta brincadeira introduz conceitos de camuflagem e adaptação, assim como aprimora a habilidade de observação das crianças. As crianças ficam muito mais cuidadosas com o ambiente quando sua percepção visual é estimulada.

Procure uma trilha em uma área onde você consiga ver o chão e onde não tenha grama alta ou seja densa em arbustos. (É ideal que seja uma floresta que tenha tanto árvores pequenas como grandes, folhas secas, galhos em decomposição e algumas plantas herbáceas). Escolha um trecho da trilha que tenha de 20 a 30 metros e certifique-se que é larga o suficiente para duas pessoas passarem. Coloque de dezesseis a vinte e quatro objetos manufaturados ao longo desse trecho. Alguns deles devem ser bem visíveis e brilhantes, como baratas rosa-choque ou bexigas coloridas. Outros devem misturar-se com o local e, portanto, serão mais difíceis de se distinguir. Mantenha segredo quanto ao número de objetos escondidos.

As crianças caminham pela trilha, uma por vez, com intervalos entre si, tentando localizar (mas não pegar) o maior número possível de objetos. Ao chegarem ao fim do trecho, cochicharão em seu ouvido quantos objetos viram. Conte para cada criança quantos objetos escondeu, ou, se preferir, a fração ou porcentagem do total. Estimule as crianças a caminhar pela trilha novamente procurando os objetos que não viram anteriormente. Se você quiser facilitar para os participantes, marque (com um lenço vermelho, por exemplo) próximo aos objetos que estão mais difíceis de serem encontrados.

Com a experiência, percebi que colocar uma corda para marcar o lado da trilha onde os objetos estão escondidos pode ser de grande ajuda. Esconda os objetos a não mais do que um metro e meio além da corda (não se esqueça de contar isso aos participantes, para que eles não a ultrapassem). Você pode, entretanto, esconder os objetos em diferentes alturas, e em lugares onde eles podem ser vistos somente se você se virar e olhar para trás. Isso ajuda a quebrar o hábito das crianças de olhar somente numa única

direção. Se você tiver um grupo grande, certifique-se que a trilha é longa o suficiente para que todos possam estar nela ao mesmo tempo. Metade do grupo pode começar pelo meio da trilha e depois voltar e terminar a primeira parte. Deste modo ninguém ficará esperando muito tempo.

Para desafiar crianças mais velhas, e mantê-las interessadas, é importante ter alguns objetos em lugares evidentes, mas ainda difíceis de encontrar. Um dos meus favoritos é um espelho redondo de aproximadamente 5 cm de diâmetro. Quando ele é preso nos galhos de uma árvore, o espelho reflete apenas o chão da floresta, de forma que o reflexo fica completamente misturado com seu entorno. (Coloque um pequeno galho em cima do espelho para cobrir seu contorno e segurá-lo na vertical). Vi muitas vezes mais de quinze pessoas ajoelhadas bem em frente ao espelho, procurando absortas, mas sem vê-lo, até eu tocar nele. Objetos como correntes enferrujadas, pregos, faixas de borracha e botões funcionam bem também.

Para permitir que todos vejam onde os objetos estão escondidos, vá até o início da trilha e comece a andar ao longo da corda fazendo com que os participantes (os que estiverem mais atrás) apontem os objetos conforme você vai passando por um deles. A cada objeto que for reconhecido, escolha um participante para coletá-lo, e outro participante para contar os objetos achados conforme você continua adiante.

Termine a brincadeira com uma conversa a respeito das várias maneiras como a camuflagem pode ajudar os animais. Depois, passem a procurar pequenos animais camuflados (insetos, aranhas, etc.).

PASSEIO DA LAGARTA

A. Concentrar a atenção
B. Concentração, explorando a percepção sensorial
C. Dia / floresta, mata
D. 2 a 5 (por monitor)
E. 6 anos em diante
F. Vendas

Leve as crianças a um local secreto e isolado. Depois de colocar vendas nos olhos de todas, forme uma fila, como se fosse uma lagarta, onde cada criança deverá colocar o braço no ombro da que está à frente dela. Conforme você as conduz, diga-lhes que deverão ouvir, cheirar e sentir o que se passa ao redor, o mais plenamente que puderem. Faça paradas freqüentes em pontos interessantes ao longo do caminho,

tais como árvores e rochas diferentes, ou para que sintam o perfume de uma flor ou de um arbusto. Quanto mais variados forem os elementos ao longo do caminho, melhor. Para isso, caminhem dentro e fora da trilha, sigam um leito seco de um riacho ou entrem e saiam de clareiras ensolaradas.

Quando achar que já caminharam o suficiente, retire as vendas. Agora as crianças devem tentar encontrar o caminho de volta até o ponto de partida. Às vezes, antes de começarem a fazer o caminho de volta, peço-lhes que desenhem ou façam um traçado de como elas acham que foi o caminho e os locais por onde passaram. Assim, elas aprenderão a transformar em figuras os sons, cheiros e toques que sentiram. O som de patos pode indicar uma lagoa ou pântano; perfume poderá significar flores. Sempre que possível, deixe que as crianças descubram o caminho de volta por conta própria.

Atenção: Lagartas muito longas ficam facilmente congestionadas e difíceis de lidar.

A. Experiência direta
B. Explorar e orientar a percepção sensorial
C. Dia / qualquer lugar
D. 2 ou mais
E. 6 anos em diante
F. Vendas

PEQUENA LAGARTA

Esta é uma versão mais curta do **Passeio da Lagarta**. Coloque vendas nos olhos das crianças e diga-lhes que você vai conduzi-las a um lugar não muito distante. Peça-lhes para explorarem com as mãos o que está ao seu redor até conhecerem bem o local. Quando estiverem satisfeitas, leve-as de volta – ainda com a venda nos olhos – ao ponto de partida. Retire a venda e peça-lhes que descubram os locais que exploraram com as mãos.

DUPLICAÇÃO

Esta é uma boa brincadeira para despertar o interesse das crianças por pedras, plantas e animais. Antes de reunir as crianças, procure discretamente na área do entorno cerca de dez objetos comuns na natureza, tais como pedras, sementes, pinhas, partes de plantas e sinais de atividade animal. Disponha os objetos sobre um lenço e cubra-os com outro lenço. Peça que as crianças se aproximem de você e diga-lhes: "Debaixo deste lenço há dez objetos da natureza que existem nas proximidades. Vou levantar o lenço durante vinte e cinco segundos para que vocês observem atentamente os objetos e depois tentem se lembrar de tudo o que viram."

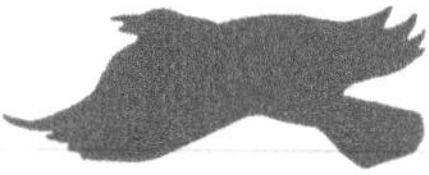

A. Concentrar a atenção
B. Memória, percepção visual
C. Dia / qualquer lugar
D. 2 ou mais
E. 5 anos em diante
F. 2 lenços grandes

Depois de observá-los, as crianças saem à procura de objetos idênticos, sem revelar o que encontraram. Após cinco minutos de busca, chame-as de volta. Mostre os objetos de maneira divertida, um de cada vez, e conte histórias interessantes sobre eles. A cada objeto apresentado, pergunte às crianças se encontraram um idêntico.

As crianças costumam ficar muito curiosas sobre as coisas que você tem para lhes mostrar – pedras, sementes, plantas, etc. Se repetir esta brincadeira várias vezes, você observará que ela produz um grande aumento de concentração e memorização na criança.

A. Concentrar a atenção
B. Observação da superfície do solo
C. Dia / qualquer lugar
D. 1 ou mais
E. 4 anos em diante
F. Barbantes de 1 a 1,5 m, lupas

MICROEXCURSÃO

Microexcursão é uma expedição curtíssima conduzida por um barbante de 1 a 1,5 metro. Os "excursionistas", deitados de bruços, analisam cada centímetro da trilha, examinando pequenas maravilhas da natureza, tais como uma folha de grama dobrada por algumas gotas de orvalho, besouros coloridos salpicados de pólen das flores, aranhas com poderosas mandíbulas e com oito olhos. Como as crianças pequenas gostam especialmente de objetos minúsculos, sua intensa absorção no mundo da minifloresta será surpreendente.

Comece pedindo que elas estendam os barbantes sobre a parte do solo mais interessante que puderem encontrar. Forneça a cada criança uma lupa mágica, de modo que, ao observar uma formiga, sinta-se do tamanho dela. Você poderá fazer perguntas que estimulem a imaginação das crianças: "Que mundo você está percorrendo neste momento? Quem são seus vizinhos mais próximos? Eles são amigos? Estão trabalhando muito? O que aquela aranha pretende fazer: comer você ou lhe dar uma carona? Que tal ser aquele besouro verde-metálico? Como ele passa o dia?"

No início diga às crianças que seus olhos não devem ficar mais do que trinta centímetros distantes do solo.

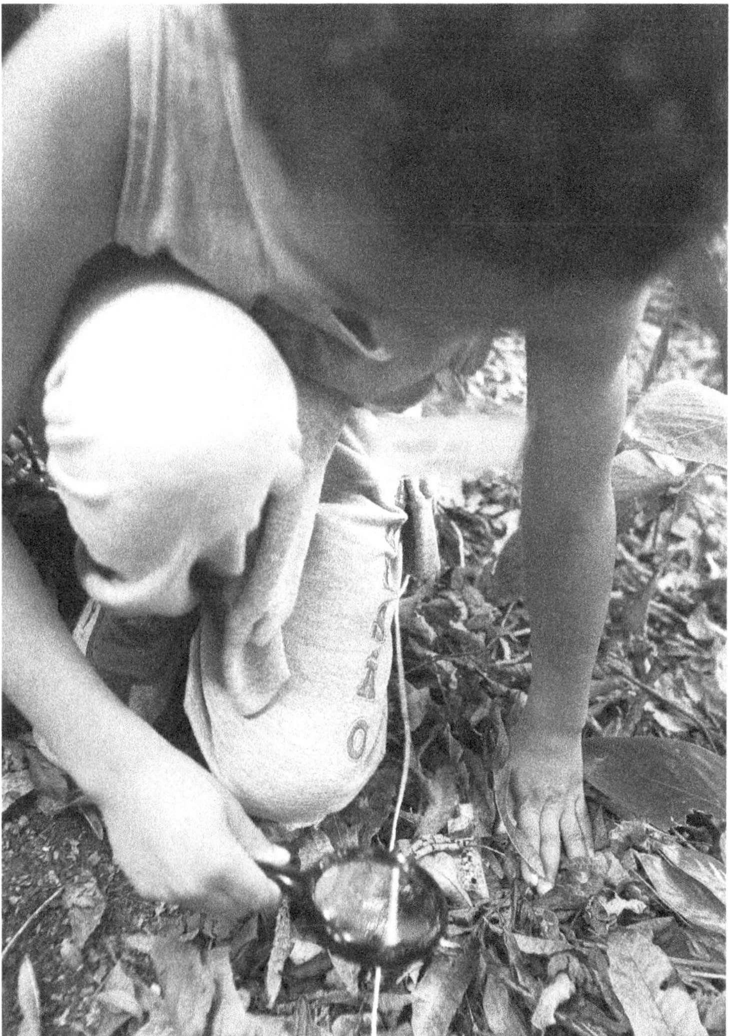

Parte 3.

A Natureza em equilíbrio

Em nossos dias, as crianças recebem muitas informações sobre conceitos teóricos de ecologia. Em contraste, o objetivo principal deste livro é desenvolver suas qualidades intuitivas e afetivas. Contudo, sentimentos apenas não bastam, principalmente quando não são compartilhados com outras pessoas. Anos atrás passei por uma experiência que, pela primeira vez, me tornou ciente dessa verdade. Tal experiência também me levou a querer complementar minha compreensão intuitiva da natureza com um conhecimento científico mais sólido.

Atrás da fazenda onde eu morava havia um pequeno terreno pantanoso, coberto de mato. Eu costumava passar ali a maior parte do meu tempo livre e logo percebi que uma outra criatura também gostava daquele lugar – um falcão de rabo vermelho. Descobri que seu abrigo ficava num dos carvalhos mortos, onde gostava de empoleirar-se para que nada obstruísse sua visão dos arredores. Após vários meses, ele se acostumou com a minha presença e não saía do lugar mesmo quando eu me aproximava dele.

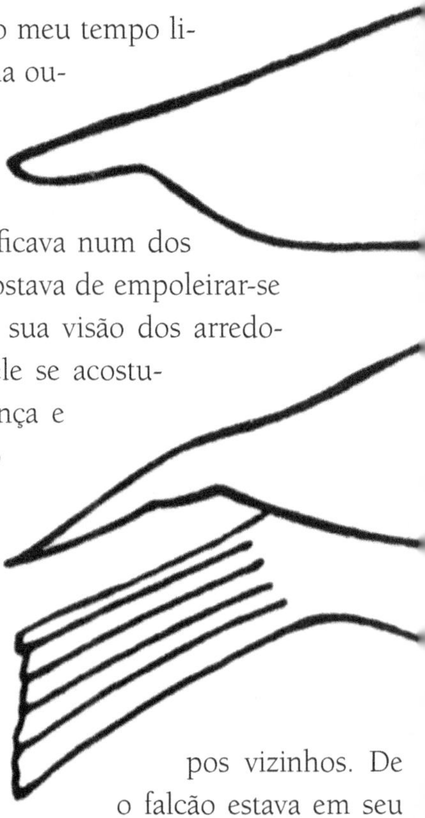

Durante o dia, eu tinha o hábito de subir no telhado da casa da fazenda para olhar os pomares de amendoeiras dos campos vizinhos. De lá, também podia ver se o falcão estava em seu posto, mais ou menos cento e trinta metros adiante. Conforme os meses foram passando, fomos ficando amigos.

Certa manhã, assim que retornei após alguns dias de ausência, caminhei até o pântano para ver se tudo estava bem. Horrorizado, descobri que os carvalhos haviam sido derrubados e queimados, e um homem estava naquele exato momento preparando-se para derrubar a última árvore – a preferida do falcão.

Tentei persuadi-lo a deixar a árvore em pé, mas ele

dis-se que ela não servia para mais nada e que o melhor seria derrubá-la e queimá-la. Eu lhe disse que não havia nenhuma possibilidade de aquela árvore prejudicar uma amendoeira, e como estava morta não consumia água ou nutrientes do solo. Ele, porém, não se comoveu, e, como a árvore estava dentro de suas terras, não havia mais nada a fazer. Depois que os carvalhos foram derrubados, quase não vi mais o falcão de rabo vermelho.

Meu coração havia falado àquele homem, mas eu não tinha fatos para sustentar o que sentia. Dentro de mim, achava que deveria haver alguns motivos importantes que provassem que os carvalhos mortos têm valor, mas naquela ocasião eu não conhecia nenhum daqueles motivos. Mais tarde, descobri informações que teriam ajudado o homem a compreender as possíveis conseqüências negativas de derrubar os carvalhos. Por exemplo, os carvalhos mortos proporcionam abrigo para inúmeros pássaros (como os pica-paus), que eliminam da terra insetos nocivos.

PIRÂMIDE DA VIDA

Esta atividade requer seis participantes, no mínimo. Forneça a cada criança um pedaço de papel e peça-lhe que escreva secretamente o nome de uma planta ou animal que se desenvolve ou vive na região. Os participantes deverão formar uma pirâmide, como nas aulas de ginástica (veja a foto ao lado), mas não lhes conte isso até ter recolhido todos os pedaços de papel.

Agora começa a brincadeira: "De que fonte a terra recebe energia?... Do sol!... Correto. Qual é a forma de vida que faz uso dessa energia em primeiro lugar?... As plantas!... Correto novamente. Agora iremos construir uma pirâmide."

A. Despertar o entusiasmo
B. Equilíbrio da natureza, cadeia alimentar
C. Dia / local aberto
D. 6 ou mais
E. 7 anos em diante
F. Lápis e papel, cartas com nomes de plantas e animais

Quando as "crianças plantas" entenderem quais são seus papéis, talvez reclamem um pouco.

"As plantas ficarão embaixo, porque todos os animais dependem delas direta ou indiretamente para se alimentar. Todas as plantas devem se ajoelhar aqui e ficar de qua-

tro, próximas umas das outras, formando uma fila. Agora, conforme eu for lendo os nomes dos animais escritos nos pedaços de papel, digam se eles se alimentam de plantas ou de carne. Todos os que se alimentam de plantas (herbívoros) coloquem-se em fila atrás das plantas. Todos os que se alimentam de carne (carnívoros) formem outra fila atrás dos herbívoros."

Quase sempre haverá mais crianças nos grupos de cima do que nos grupos que representam as plantas; é muito mais divertido ser um urso ou uma onça do que ser um matinho ou um rato. Infelizmente, a humildade quase nunca estimula a imaginação. Será impossível construir uma pirâmide estável com muitos elementos na parte superior e poucos na parte inferior. Alguns dos predadores terão de sair de suas cômodas posições. Desafie a criança a construir sua própria pirâmide de maneira que ela sustente facilmente todos os seus elementos. (Diga-lhes que as crianças maiores poderão mudar para "plantas", se desejarem.) É evidente que, quanto mais alta for a posição na cadeia alimentar, menor será o número de animais daquele nível. Demonstre a importância das plantas tentando tirar uma delas da pirâmide.

Uma outra maneira de jogar **Pirâmide da Vida** é entregar aos jogadores uma carta com o nome de uma planta ou animal escrito nela. É mais divertido se você escolher animais e plantas interessantes – como sempre-viva e beija-flor –, se possível todos os animais e plantas devem ser do mesmo habitat. Ao escrever você mesmo o nome das plantas e dos animais, tem a possibilidade de estabelecer a proporção entre as plantas, os animais herbívoros e os predadores. Junto com o nome, escreva também um algarismo romano (Plantas, I; Herbívoros, II; Carnívoros, III; Predadores de segunda ordem[6], IV). Para um grupo de 26 pessoas,

6. Animais que podem se alimentar de outros carnívoros.

sugiro a seguinte proporção, de plantas até os predadores de segunda ordem: 14-7-4.

Embaralhe as cartas e distribua uma para cada participante. Se algum deles não souber a qual categoria pertence, podem encontrá-la pelos algarismos romanos. Eis como jogar: "Eu gostaria de chamar todos aqueles que são capazes de produzir alimento a partir do sol, do ar, da água e de nutrientes do solo que dêem um passo à frente e formem uma fila... Por favor, plantas, vocês podem se apresentar?... (os participantes respondem com o nome engraçado que está escrito em sua carta, tal como Suzana sempre-viva!... Maria sem-vergonha!... Fernanda não-me-toques!... Joana Sensitiva!...) Agora os herbívoros se identificam e se colocam atrás das plantas. Contem-nos quem são vocês... Se você é um predador, faça uma terceira fila e se identifique... Há alguém que ocupa o topo da cadeia alimentar? Sim? Conte-nos quem você é?...Uma águia,...então venha e forme a quarta fila. Agora que cada um está em seu lugar, tentem formar uma pirâmide. (Eu disse apenas para que tentem, pois é bem arriscado construir uma pirâmide com muita gente.)

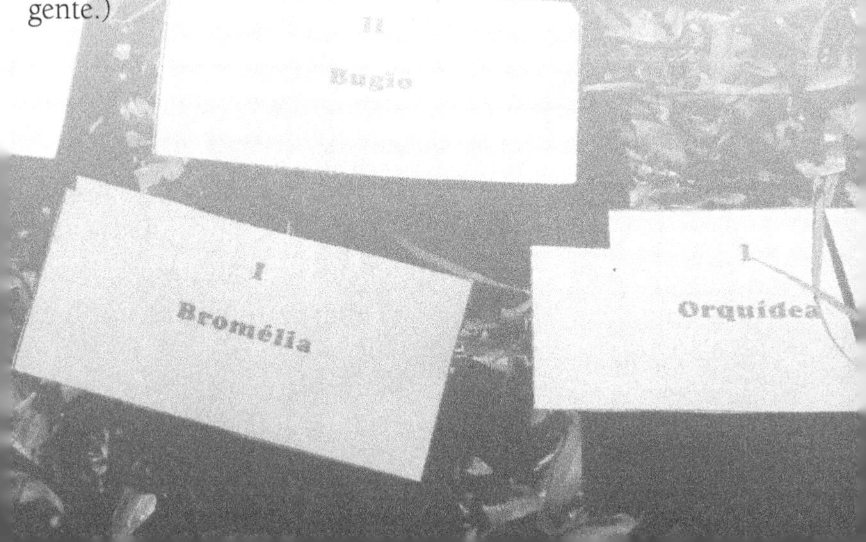

Explique ao grupo que há uma hipótese científica que explica que a proporção de um nível para outro (isto é, das plantas para os herbívoros) é de cerca de 1/10 da biomassa. Por exemplo, se você tem 500 kg de plantas você terá 50 kg de herbívoros, 5 kg de carnívoros e 0,5 g de predadores de segunda ordem.

Agora diga ao grupo: "Notei que as plantas estão tendo problemas com alguns insetos, então vou jogar um pouco de pesticida. Estes lenços que estou colocando sobre suas cabeças – um para cada planta – representa uma partícula de veneno... Agora eu gostaria que os herbívoros se alimentassem das plantas. Façam isso pegando os lenços das plantas e colocando-os sobre suas cabeças. Sigam comendo até que todas as plantas sejam comidas.

Venenos como herbicidas e pesticidas são perigosos para os animais por que, quando ingeridos, ficam depositados em seus tecidos. Vamos agora deixar os carnívoros se alimentarem dos herbívoros..." (Agora os participantes podem prever o que vai acontecer quando todos os lenços estiverem na quarta fila.) "Agora, será que a água vai comer os animais da terceira fila?" (Os jogadores se divertirão ao verem todos os lenços formando um chapéu na cabeça da águia.) "Os níveis mais elevados da cadeia alimentar apresentam uma concentração maior de venenos. Este processo é chamado de amplificação biológica. Pássaros como águias, falcões peregrinos e pelicanos e também outros animais têm sido fortemente contaminados pelos venenos despejados no meio ambiente... E você, como humano, qual o seu lugar na cadeia alimentar?"

RECEITA DE FLORESTA

A. Compartilhar inspiração
B. Apreciação estética / equilíbrio da natureza
C. Dia / floresta
D. 2 ou mais
E. 7 anos em diante
F. Lápis e fichas de arquivo

Dê a cada criança uma escritura imaginária de um terreno de 1.500 metros quadrados. Nesse pedaço de terra virgem ela terá a liberdade de criar a floresta de seus sonhos, com muitas árvores, animais, montanhas e rios, enfim, tudo o que desejar. Deixe que as imaginações fluam livremente. Para estimular a criatividade das crianças, você poderá dar algumas sugestões:

"Para que sua floresta seja linda e radiante, talvez você queira incluir algo como cachoeiras e tempestades de vento, ou arco-íris permanentes..."

Peça-lhes que façam uma lista dos ingredientes de suas florestas e depois os desenhem. Termine indagando às crianças se suas florestas serão capazes de sobreviver ano após ano. Por exemplo, verifique se as crianças escolheram alguns representantes do ciclo alimentar: herbívoros, plantas e os decompositores (exemplo: formigas, cogu-

melos, bactérias). Não deixe que se esqueçam de fatores menos evidentes tais como solo e clima.

A. Despertar o entusiasmo
B. Adaptação, habitat, interdependência
C. Dia / qualquer lugar
D. 3 ou mais
E. 5 anos em diante
F. Rolo de barbante

ENCADEAMENTO

Esta é uma atividade que torna bastante evidente os inter-relacionamentos essenciais entre todos os membros de uma comunidade natural. O **Encadeamento** retrata com clareza como o ar, as pedras, as plantas e os animais trabalham juntos na equilibrada teia da vida.

As crianças formam um círculo. O monitor coloca-se dentro do círculo, próximo da margem, segurando um rolo de barbante: "Quem pode me dizer o nome de uma planta que cresce nesta área?... Embaúba... Ótimo! Venha aqui, Srta. Embaúba, e segure a ponta do barbante. Há um animal por aqui que gosta de comer folhas de Embaúba?... Bicho Preguiça!... Ah, uma magnífica refeição! Sr. Bicho Preguiça, segure aqui neste barbante; você está ligado à Srta. Embaúba porque depende dela para se alimentar. Agora, quem se alimenta do bicho preguiça?"

Continue ligando as crianças por meio do barbante à medida que vão aparecendo conexões entre elas. Introduza novos elementos e considerações, tais como outros animais, solo, água, e assim por diante, até que todas as crianças do círculo estejam interligadas como um símbolo da teia da

vida. Vocês acabaram de criar seu próprio ecossistema.

Para demonstrar como cada elemento é importante para uma comunidade, imagine um motivo plausível para retirar um elemento do conjunto. Por exemplo, o fogo ou um lenhador corta uma árvore. Quando a árvore cai, arrasta consigo o barbante que está segurando; qualquer um que sinta o puxão em seu barbante foi, de alguma forma, afetado pela morte da árvore. Agora todos os que sentiram um puxão por causa da árvore também devem dar um puxão. O processo continua até que cada elemento demonstre ter sido afetado pela morte da árvore.

PREDADOR - PRESA

A. Despertar o entusiasmo
B. Adaptação, cadeia alimentar, predação
C. Dia / clareira
D. 6 ou mais
E. 5 anos em diante
F. Guizos, chocalhos e vendas

Esta brincadeira introduz o conceito de cadeias alimentares e demonstra como elas funcionam. Forme um círculo de cerca de cinco metros de diâmetro numa área aberta. Coloque vendas nos olhos de duas crianças, deixando-as no meio do círculo. Peça a uma delas que diga o nome de um predador que vive na região e peça à outra que diga o nome de uma presa. O predador tenta apanhar a presa, ouvindo-a, seguindo sua pista e correndo atrás dela. Se o predador ou a presa se aproximarem muito da margem do círculo, as crianças lhe darão duas pancadinhas. Exija silêncio enquanto a brincadeira está em andamento e peça que os participantes representem de modo mais real e que imitem os animais escolhidos. Para variar a brincadeira, faça uma experiência com número diferente de predadores e presas. Coloque sininhos em alguns dos animais, forçando-os a modificar sua estratégia de caça ou para que não sejam capturados. Se o predador não for tão arrojado como poderia ser, e estiver demorando muito, feche mais o círculo, de modo que o predador e a presa fiquem mais próximos um do outro.

SUCESSÃO VEGETAL

A. Concentrar a atenção
B. Adaptação, habitat, sucessão vegetal
C. Dia / margem de um lago
D. 1 ou mais
E. 10 anos em diante
F. Lápis e papel

Sucessão Vegetal é o processo pelo qual as condições do solo e da água de uma região modificam-se gradualmente, permitindo que novas espécies surjam e ali se instalem, fazendo que as antigas migrem para locais de condições mais favoráveis. A área ao redor de um lago é um bom lugar para observarmos a sucessão vegetal, especialmente se houver um ligeiro aclive a partir da margem do lago. À medida que você vai se afastando do centro do lago, o solo fica mais seco e sua composição se modifica. Você poderá observar vários tipos de plantas formando anéis sucessivos ao redor do lago. Para verificar o verdadeiro processo da sucessão vegetal, é necessário observar as modificações que ocorrem no lago e ao redor dele durante vários anos, porque esse fenômeno resulta do incessante ciclo de desenvolvimento e morte de plantas que vão secando o solo. Conforme o solo vai ficando seco, as plantas que preferem terra úmida são facilmente expulsas pelas que preferem os solos mais secos. Passado longo tempo, o lago ficará efetivamente encolhido e desaparecerá à medida que o solo for se desenvolvendo, ocupando cada vez mais o espaço do lago. Os círculos de plantas movem-se gradualmente mais para o centro do lago conforme diminui a porção de área úmida. Você poderá acompanhar esse processo de migração de plantas acontecer se observar atentamente um determinado ponto; assemelha-se a ver um quadro de cada vez, de um filme cinematográfico. Peça que as crianças se arrastem, partindo dos círculos externos em direção à margem do lago. Quando estiverem rastejando e examinando o chão bem de perto, elas sentirão o diversificado gradiente de solos necessários para as diferentes plantas que formaram os círculos ao redor do lago. Peça que as crianças contem o que estão descobrindo, como, por exemplo, um novo círculo com tipos especiais de árvores, arbustos e capim, ou um solo mais úmido cujo aroma seja bastante acentuado. Quando as crianças alcançarem a água, peça que cada uma trace um mapa do lago e da área ao redor dele, com os sucessivos ciclos das plantas.

Classifique cada círculo, desde o mais úmido até o mais seco, e relacione as plantas que se desenvolvem neles. Peça que as crianças imaginem de que tamanho estará o lago daqui a cinqüenta ou cem anos.

Parte 4.

Aprender é divertido

 Tento fazer o melhor que posso para que o aprendizado seja divertido e excitante para as crianças. Uma das maneiras é mencionar as características que os animais e as plantas têm em comum com o homem. Por exemplo, antes de levar as crianças até um lago, converso um pouco com elas sobre insetos aquáticos:

"O que os seres humanos usam que os ajudam a movimentar e respirar na água?"

"Pés-de-pato. Escafandros. Cilindros de oxigênio. Remos. Redes. Máscaras de mergulho."

"Vocês sabiam que os insetos aquáticos têm as mesmas necessidades que o homem e usam os mesmos equipamentos que ele? Por exemplo, existem besouros mergulhadores

que utilizam reservatórios de ar: eles prendem uma bolha de ar prateada sob uma espessa camada de pêlos e a usam para respirar debaixo da água. Alguns besouros mergulhadores chegam até a carregar um "tanque" de bolhas de ar atrás deles. O sistema respiratório do besouro, no entanto, é mais eficiente do que nossos cilindros de oxigênio, porque os besouros não necessitam de ar comprimido, podendo encher seus tanques com oxigênio da água que os rodeia. Com seu tanque de mergulho, um besouro pode ficar debaixo da água até trinta e seis horas! Os besouros mergulhadores também possuem pêlos encerados que os ajudam a flutuar – como se fosse uma roupa molhada. Se não estiverem nadando ou buscando algo, movem-se rapidamente para a superfície.

A maioria dos insetos aquáticos faz uso do nado de peito, embora alguns poucos prefiram o nado livre. Há, todavia, um inseto que gosta tanto de nadar de costas que passou a ser chamado de 'nadador de costas'. Ele tem o formato de um barco, com uma quilha sob as costas e duas longas pernas em forma de remos nas laterais.

Há também a larva da mosca preta, que vive nas cabeceiras de rios. Ela se movimenta cuidadosamente, presa a um fio de segurança. Se a corrente carregá-la, ela rasteja de volta sobre o fio até retornar à posição original. Esta larva em geral atinge o tamanho adulto quando ainda está debaixo da água. Para impedir que suas asas fiquem molhadas, ela sai da água dentro de uma bolha de ar – como um submarino!"

As crianças encantam-se com as histórias curiosas sobre esses seres que vivem debaixo da água. Ficam sempre animadas diante da possibilidade de pesquisar a vegetação aquática à procura de insetos, usando peneiras de cozinha. Assim que começam as buscas, alegro-me a cada vez que as crianças gritam chamando-me para ver o que encontraram.

Certa vez, quando uma classe de alunos da sexta série havia terminado suas buscas à procura de insetos, um caminhão de água aproximou-se do pequeno lago e sua mangueira foi baixada em direção à água. Quando o motorista ligou a bomba, as crianças imediatamente compreenderam que os insetos seriam dispersos do local, morrendo em seguida. Vários alunos aproximaram-se do motorista e suplicaram que ele colocasse uma tela fina no bocal da mangueira. O motorista foi acessível; sensibilizado com a preocupação das crianças, ele aceitou de bom grado instalar a tela. Posteriormente, elas lhe apresentaram seus amigos aquáticos.

É fascinante descobrir como vivem as diferentes formas de vida. Os jogos deste capítulo produzem um clima de entusiasmo que estimula a curiosidade e a concentração das crianças.

A. Despertar o entusiasmo
B. História natural
C. Dia ou noite / qualquer lugar
D. 2 ou mais
E. 5 anos em diante
F. Nenhum

BRINCADEIRA DO NARIZ

A **Brincadeira do Nariz** cria um maravilhoso clima de alegria e mistério. Nessa brincadeira de descoberta, a resposta de um enigma gradualmente se torna clara para os jogadores. É uma ótima maneira de conquistar a atenção e entusiasmo de um grupo desde o começo de sua aula e envolvê-los completamente no processo de aprendizagem. Eis como brincar:

"Vou ler oito pistas sobre um animal e vocês tentarão adivinhar sua identidade. Claro que se você disser a resposta em voz alta, a brincadeira termina antes que todos descubram. Então quando vocês acharem que sabem qual é o animal, gostaria que me dessem um sinal. O sinal é colocar o dedo na ponta do nariz. Isso indicará a mim e a todos os outros que você sabe a resposta."

"Digamos que a primeira pista seja que você tem pintas, por exemplo. Ah! você pensa, sou um filhote de veado! Então você coloca o dedo na ponta do nariz... Mas você descobre na segunda pista que você nada rio acima para pôr seus ovos. Você está com problemas, não é? Bem, você pode inventar uma tosse e cobrir sua boca ou começar a coçar sua cabeça e fingir que seu dedo não estava em nenhum lugar próximo ao seu nariz. Assim, ninguém saberá que você estava errado!"

"Você pode ajudar os outros e cochichar com as pessoas mais próximas, mas não deixe que suas vozes atravessem a sala. Você pode conhecer o animal, mas talvez não seja um que viva nessa região. Não se preocupe se você não sabe a resposta de imediato porque as pistas vão ficando mais fáceis com o tempo. Esqueça das duas primeiras pistas (as pintas e nadar rio acima); elas eram apenas exemplos."

"A pista número um é: Eu vivo em todo lugar, exceto nas regiões polares, oceanos e desertos muito áridos. (Pausa) A pista número dois é: Sou conhecido por viver 32 anos. Isso é muito útil porque tenho um ritmo reprodutivo lento.

Tenho um filhote por ano. (Pausa) A três é: Nos Estados Unidos, quatro em cada dez espécies estão ameaçadas ou em perigo de extinção. (Pausa) A quatro: A maioria de nós tem audição excelente, mas alguns contam mais com a visão e o olfato. (Pausa) Vejo alguns dedos em alguns narizes, isso é bom. A pista cinco é mais útil e informativa: A envergadura de minhas asas varia de dezoito centímetros a dois metros. Sou conhecido por voar até uma altura de mais de três quilômetros. Uma espécie pode comer até 600 mosquitos em uma hora. Ah, vejo que perdemos vários narizes; mas ganhamos alguns novos, também. O resto de vocês devem estar esperando para adivinhar a subespécie! A seis é: Tenho orelhas pequenas ou grandes, muitas vezes uma cauda pequenina, vivo só ou em grupos. Muitos de nós comemos insetos, enquanto outros comem pólen ou frutas ou até peixes e rãs! (Pausa) Vejo mais narizes... Há um aqui e outro ali... Bem, a próxima pista irá ajudar muito: Somos chamados senhores do céu noturno. Há mais tipos de nós do que de qualquer outro mamífero. Se o tempo esfria, nós podemos migrar ou hibernar. Mais narizes! Isso é ótimo. A pista oito é: A maioria de nós (nos Estados Unidos) encontra nosso caminho fazendo sons agudos e ouvindo o seu retorno. Descanso de cabeça para baixo e pés para cima. Parece que todos sabem a resposta. Digam a resposta em voz alta quando eu contar três, um... dois... três... (os jogadores gritam... Morcego!)." Veja também nas páginas 182 a 187 outros modelos para a **Brincadeira do Nariz**.

JOGO DOS ANIMAIS

A. Despertar o entusiasmo
B. Classificação dos animais, ecologia animal
C. Dia / clareira ou estrada
D. 4 a 16
E. 7 anos em diante
F. Corda, lápis, papel e dois lenços

O **Jogo dos Animais** é uma forma divertida de recapitular as aulas de zoologia e ecologia animal. Os finais mais dramáticos são sempre surpreendentes, provocando entusiasmo e muitas gargalhadas. É uma excelente atividade para dias chuvosos e ótima para estimular a leitura e pesquisas em guias de campo.

Forme duas equipes iguais com oito ou mais participantes em cada. Dê a cada equipe um papel e lápis. Cada equipe escolhe um animal e imaginam seis a oito pistas que se refiram a ele. (Estimule as equipes a escolher um animal que o outro grupo conhece, mas que não adivinharão imediatamente.)

As pistas devem passar do geral para o específico, tornando-se gradualmente mais fáceis. A identidade do animal deve ser óbvia na última pista. Adiante há uma lista de exemplos de pistas.

Quando as duas equipes estiverem prontas, coloque-as uma de frente para a outra, separadas por uma corda. A uma distância de quatro metros e meio atrás de cada equipe coloque um lenço que delimitará o território de cada uma delas e que será o pique. Diga-lhes que poderão correr apenas até o pique, marcado pelo lenço, mas que não poderão ficar paradas lá. (Veja o diagrama na página 93.)

As equipes revezam-se para fornecer as pistas. É permitida à equipe que está adivinhando, apenas uma adivinhação para cada pista. Uma vez que o animal é descoberto, a outra equipe fornecerá as suas pistas.

Veja como jogar:

A equipe A dá a primeira pista; a equipe B tenta adivinhar qual é o animal. Se errar, a pessoa que deu a dica da equipe A diz “Não!” e nada acontece. Agora, a segunda pessoa da fila da equipe A dá a segunda pista, e a equipe B tenta adivinhar novamente. Mas se estiver errado outra vez, ainda nada acontece. Conforme as pistas vão se tornando mais evidentes a tensão aumenta. O processo continua até que alguém da equipe B consiga adivinhar. Por exemplo, uma pessoa da equipe A diz: “Eu tenho três garras,” e a equipe B adivinha, “você é um pica-pau de três garras e costas pretas?”

Os integrantes da equipe A voltam-se agitados para seu território enquanto os da equipe B aguardam ansiosamente uma resposta. Mas a equipe A não pode voltar para sua área até que seu leitor de pistas diga “Sim”. Quando o grito de “Sim“ é dado, a equipe A corre para seu pique e a equipe B tenta pegá-los.

É importante lembrar aos participantes que somente o leitor de cada equipe pode dar a resposta. O resto da equipe não pode começar a correr antes que o leitor diga "Sim" para a resposta certa. O leitor poderá responder somente uma primeira adivinhação, mesmo se a seguinte está correta. Qualquer jogador da equipe que está adivinhando poderá gritar sua tentativa.

Na primeira vez que as crianças brincam, é difícil impedi-las de correr para seu pique quando a outra equipe adivinha seu animal antes que o "Sim" seja dito. Divirto-me "castigando" os infratores trazendo-os de volta e fazendo-os colocar um pé na corda para jogar novamente. Dessa forma, a outra equipe tem mais chance de pegá-los, e os jogadores aprendem a esperar até que o "Sim" seja dito. Os jogadores aprendem rapidamente (depois de uma ou duas vezes) a não correr antes da hora.

Uma maneira mais simples e rápida de jogar é dispor as crianças em fila de um lado da corda e os professores (que fornecerão as pistas) do outro lado dela. As crianças ficam muito motivadas com a possibilidade de pegar seus professores.

Aqui estão alguns exemplos de pistas que lhe darão uma idéia de como se processa o pensamento da criança enquanto está participando deste jogo. Pegue um pedaço de papel e cubra todas as pistas, com exceção da primeira. Depois de ter lido a pista, tente adivinhar a resposta. Continue descobrindo uma a uma até o fim. Confira sua adivinhação com a resposta em código. Para decifrar o código, escreva as letras que se seguem alfabeticamente às que compõe o código. Você encontrará mais nove jogos de pistas no Apêndice, páginas 182 a 187.

Exemplo: A N H = BOI

1. Tenho quatro patas, e a temperatura do meu corpo é sempre a mesma.
2. Uso a cauda como guia.
3. Meu habitat é a floresta.
4. Meus dentes da frente crescem constantemente. Estou sempre roendo.
5. Não armazeno alimentos para o inverno, como fazem meus primos. Gosto de comer nozes, sementes, brotos de árvore, insetos, fungos e, às vezes, carne de animais.
6. As corujas são um dos poucos animais que conseguem me pegar.
7. Atiro-me no ar, mas não vôo.
8. Tenho abas de pele que se estendem nas laterais de meu corpo entre os tornozelos e os pulsos.

DRPTHKN UNZCNQ = ESQUILO VOADOR[7]

TERRITÓRIO DA EQUIPE A

X

AAAAAA

BBBBBBB

X

TERRITÓRIO DA EQUIPE B

7. Espécie de esquilo da América do Norte que possui, ao longo dos flancos, um tipo de pára-quedas de pele que lhe permite atirar-se, planando, de árvore em árvore.

A. Despertar o entusiasmo
B. Classificação dos animais, ecologia animal
C. Dia / qualquer lugar
D. 2 ou mais
E. 6 anos em diante
F. Figuras de animais, pregadores de roupa

QUE ANIMAL SOU EU?

Prenda com um pregador a figura de um animal nas costas de uma das crianças do grupo. Não deixe que ela veja a figura. Peça-lhe que fique de costas para o grupo de forma que todos possam ver em que animal ela se transformou. Em seguida, ela deve fazer perguntas para descobrir sua identidade. As outras crianças só podem responder sim, não e talvez.

O JOGO DA IDENTIFICAÇÃO

Esta atividade é bastante semelhante a *Caça Bandeira*, mas foi adaptada para que as crianças possam aprender a identificar as árvores e os arbustos da região e lembrar-se deles. À medida que você explora o local onde será realizada a brincadeira, reúna algumas amostras de folhas, flores e sementes de árvores e arbustos. Serão necessárias de sete a dez amostras, no total.

Forme duas equipes iguais e alinhe-as de frente uma para a outra, distantes cerca de quatro metros e meio. Coloque as amostras enfileiradas entre as duas equipes. As equipes serão numeradas separadamente. Cada participante terá um número, e em cada equipe haverá o número um, o dois, o três, etc.

Quando as equipes estiverem prontas, diga o nome de uma árvore ou um arbusto representado por uma das amostras colocadas entre as equipes e depois diga o número. (Para acrescentar surpresa, diga os números fora de ordem.)

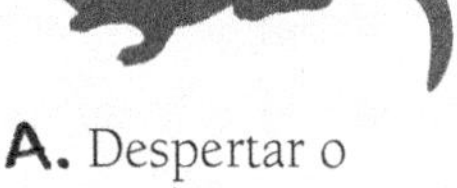

A. Despertar o entusiasmo
B. Identificação de árvores
C. Dia / clareira ou estrada
D. 6 ou mais
E. 7 anos em diante
F. Espécimes arbóreos

"A próxima planta é uma embaúba, e o número é... três!"

Assim que os números três forem chamados, correrão até as amostras, tentando pegar a folha de embaúba em primeiro lugar. O que vencer ganhará dois pontos para a equipe. Quem pegar a amostra errada perderá dois pontos.

A. Despertar o entusiasmo
B. Revisão de conceitos
C. Dia / clareira ou estrada
D. 6 ou mais
E. 5 a 13 anos
F. Corda, dois lenços de cor diferente

CORUJAS E CORVOS

Esta atividade é excelente para revisar conceitos recém-aprendidos. Divida o grupo em duas equipes iguais, as Corujas e os Corvos. Alinhe as equipes de frente uma para a outra, distante cerca de pouco mais de um metro. Estenda uma corda entre elas. Atrás de cada equipe, a cerca de quatro metros e meio, coloque um lenço que será o pique e demarcará seu território. O monitor faz uma afirmação em voz alta. Se for

verdadeira, as Corujas correm atrás dos Corvos, tentando pegá-los antes que cheguem em seu território. Se a afirmação for falsa, os Corvos perseguem as Corujas. Aquele que for apanhado passa a pertencer à outra equipe. Antes de começar, prepare o grupo fazendo algumas afirmações fáceis e peça-lhes para indicar para que lado deverão correr.

Uma vez que os participantes estarão mudando de lado continuamente, é bom deixar bem claro para que lado devem correr, conforme a afirmação for verdadeira ou falsa. Você pode usar um lenço azul para indicar a direção da verdade – "verdade azul" e vermelho para indicar a mentira. Ou você pode usar sinais ou elementos da natureza e dizer algo como "árvore da verdade", "cerca da mentira".

Se a resposta não for óbvia, algumas corujas e corvos correrão uns em direção aos outros e os demais correrão de volta para seu território. Durante essa confusão, o monitor deve permanecer neutro e quieto. Quando os ânimos se acalmarem, ele poderá revelar a resposta correta.

Suas afirmações, no entanto, devem ser precisas e adequadas à idade e experiência dos jogadores. Por exemplo, se você disser o sol nasce no leste, será verdadeiro? Para uma criança pequena pode ser. Mas estudantes mais velhos sabem provavelmente que é a rotação da Terra que faz parecer que o sol está nascendo.

Eis alguns exemplos de afirmações. Sensorial: "O vento está vindo por trás dos Corvos". Conceitual: "Uma árvore decídua conserva suas folhas durante o ano todo". De observação (depois de exibir uma folha): "A folha tem cinco pontas e cinco nervuras". Identificação: "Esta semente é de um carvalho". Outras afirmações que você poderá usar: o ar quente sobe; habitat... significa onde as plantas e animais vivem; pássaros têm dentes; e patos, tartarugas e esquilos são animais de sangue-quente.

ENCONTRE SUA IDADE

A. Experiência direta
B. Identificação de árvores e biologia, empatia
C. Dia / floresta
D. 1 ou mais
E. 5 anos ou mais
F. Papel e lápis

Nessa atividade cada pessoa tenta encontrar uma árvore que tenha sua idade. É fácil calcular quantos anos um jovem pinheiro[8], um espruce, um lariço ou um abeto têm, contando seus anéis de galhos. Nessas árvores você pode ver um ano de crescimento através dos galhos que se irradiam da mesma faixa. Simplesmente conte os conjuntos de galhos e você terá a idade aproximada da árvore. Não se esqueça de adicionar anos extras pelos anéis de galhos que a árvore provavelmente perdeu em sua base. Se olhar atentamente você talvez seja capaz de ver cicatrizes onde os galhos velhos quebraram.

Você encontrará árvores jovens bem formadas crescendo em clareiras abertas, bem longe das árvores maiores

8. Pinheiros, espruces, lariços e abetos são árvores do hemisfério norte e, portanto, têm seu crescimento marcado pelas variações das estações do ano. No Brasil, não temos as estações tão marcadas como no hemisfério norte. Nossas árvores crescem o ano todo e não nos revelam facilmente a sua idade. No entanto, sugerimos que a realização desta atividade seja feita com enfoque mais subjetivo, suscitando a reflexão sobre as etapas da vida das plantas em comparação com as nossas.

e mais dominantes. (Essa atividade só dá certo com árvores de até 25 anos, porque à medida que crescem fica difícil calcular suas idades.)

Conte aos jogadores como uma conífera cresce: da ponta para cima. O crescimento novo de cada ano desenvolve-se a partir da ponta do ano anterior, que permanece na mesma altura. A parte mais nova da árvore está no próprio topo, enquanto a mais velha está na base. A árvore também cresce nas pontas de seus galhos e raízes, assim como o tronco aumenta um pouco em diâmetro a cada ano. O tronco não cresce para o alto, fica na mesma altura. Para verificar se os jogadores entendem isso, você pode fazer a seguinte pergunta:

"Se eu pregar uma tábua a um metro e meio de altura em uma árvore, qual será a altura dela em trinta anos?" Se eles acharem que a tábua estará mais alta, pergunte se eles já viram uma cerca de arame farpado pregada em uma árvore pendurada a seis metros de altura acima do chão!

Para começar, escreva a idade de todos do grupo em um pedaço de papel. Então, em grupo, procure por árvores

que são de idade aproximada à de cada um dos jogadores. Isso feito, peça para cada jogador ficar um tempo estudando sua árvore para verificar se ele pode dizer algo sobre seu crescimento e vida. Por exemplo, eu estava estudando um pinheiro norte-americano de vinte anos, quando descobri que poderia ver a história da precipitação atmosférica do norte da Califórnia refletida em seu crescimento. Ao contar os anos regressivamente do topo da árvore para baixo, pude verificar um crescimento vigoroso entre os anéis de galhos durante os anos chuvosos e pouco crescimento durante a seca dos anos 1980.

Outras coisas que você pode procurar são cicatrizes deixadas pelo fogo; locais onde os animais fizeram uso das árvores, como os veados que esfregam sua galhada nos troncos ou ninhos de pássaros; locais onde um outro galho substituiu uma ponta que foi danificada (procure por uma curva no tronco); e observar como o meio possa ter afetado a própria árvore.

Após dar tempo para que os jogadores conheçam suas árvores, peça a cada um que escreva uma carta para sua amiga da floresta. Peça então que cada um compartilhe o que aprendeu e sentiu sobre sua árvore especial. Além de ensinar ciências, essa atividade provoca um sentimento de empatia e apreciação pelas árvores e suas vidas.

SILHUETAS DE ÁRVORES

A. Despertar o entusiasmo
B. Adaptação, silhuetas de árvores
C. Dia / floresta
D. 2 ou mais
E. 5 anos em diante
F. Nenhum

Toda floresta é composta de muitos tipos diferentes de árvores, formando lindos padrões de distintas formas e tamanhos. Esta atividade ajuda as crianças a destacar árvores na floresta, e descobrir como cada espécie é única.

Descubra um lugar onde cresçam várias espécies diferentes de árvores. Escolha uma árvore próxima que tenha uma silhueta atraente (como um salgueiro ou um pinheiro). Gosto muito de retratar o pinheiro. Esses pinheiros altos e retilíneos têm poucos galhos em quase toda a extensão de seus troncos. A cerca de dois terços de sua altura, os galhos maiores e mais baixos crescem diretamente a partir do tronco. E as pontas de seus galhos suportam pinhas de 30 a 50 cm.

Agora, modele seu corpo para parecer com o formato da árvore que você selecionou. Você pode fazer diversos movimentos para demonstrar, por exemplo, seus galhos inferiores, seu tronco e suas folhas. Pergunte às crianças se elas conseguem adivinhar que tipo de árvore você é. (Você pode precisar ajudá-las em sua adivinhação!) Então peça-lhes para apontar uma árvore do tipo daquela que você representou.

Agora que elas sabem como jogar, dividaas em dois grupos e peça a cada grupo para caminhar e observar as árvores do entorno. A partir do que analisou, cada grupo escolhe árvores que queiram representar para o outro grupo. O grupo todo pode fazer a árvore, ou o grupo escolhe alguém que mais se parece com a espécie que eles querem representar.

Reúna os dois grupos e peça-lhes para representar alternadamente as suas árvores. Quando tiverem terminado, é um bom momento para compartilhar pensamentos poéticos sobre árvores. John Muir, Donald Culross Peattie[9] e muitos outros escreveram lindamente sobre diferentes tipos de árvores. As crianças se interessarão em saber mais sobre as árvores que observaram e imitaram ou assistiram a representação.

9. Sugerimos também a leitura dos livros de Rubens Matuck, que propõem um olhar sensível sobre as árvores e a natureza brasileira. Alguns títulos: Plantando uma amizade, Editora Studio Nobel; Árvores da cidade, Editora Mercuryo Jovem; Cadernos de viagem, Editora Terceiro Nome.

OLHO VIVO

A. Concentrar a atenção
B. Ecologia, identificação, observação
C. Dia / qualquer lugar
D. 3 ou mais
E. 5 a 14 anos
F. Sacos de papel, lápis, lista de elementos da natureza do local

Olho Vivo é uma brincadeira que talvez lembre sua infância. Esta aqui descrita foi adaptada para encontrar elementos da natureza. Você deverá especificar elementos que estimulem a criatividade da criança ou que agucem sua atenção. A lista na página seguinte foi adaptada de uma outra elaborada pelo Centro de Educação ao Ar livre Glen Helen, em Yellow Springs, Ohio.

Escolha somente elementos que podem ser recolocados com segurança e que não causem danos.

1. Uma pena
2. Uma semente espalhada pelo vento
3. Exatamente cem amostras de alguma coisa
4. Uma folha de embaúba
5. Um espinho
6. Um osso
7. Três tipos diferentes de semente
8. Um animal ou inseto camuflado
9. Algo que seja redondo
10. Parte de um ovo
11. Algo que seja felpudo
12. Algo que seja pontiagudo
13. Um pedaço de pele de animal
14. Cinco amostras de elementos artificiais
15. Algo que seja completamente reto
16. Algo que seja bonito
17. Algo que não tenha utilidade na natureza*
18. Uma folha mascada (não por você!)
19. Algo que faça barulho
20. Algo que seja branco
21. Algo que seja importante na natureza*
22. Algo que lembre você mesmo
23. Algo que seja macio
24. Um painel solar*
25. Um grande sorriso

* *17. Tudo o que existe na natureza tem uma função.*

* *21. Tudo na natureza é importante (até um carvalho venenoso é importante para os pássaros que comem seus frutos).*

* *24. Painel solar pode ser qualquer coisa que capte o calor do sol (águas, pedras, plantas, animais).*

CORRIDA DO ANIMAL SELVAGEM

A. Despertar o entusiasmo
B. Classificação dos animais, ecologia animal
C. Dia e noite / qualquer lugar
D. 4 ou mais
E. 7 anos em diante
F. Fotos de animais ou fichas de cartolina, pregadores de roupa

As crianças demonstram um aguçado interesse pelos animais e suas vidas quando você apresenta a **Corrida do Animal Selvagem**. Escreva nomes de animais conhecidos nas fichas de cartolinas. (Se puder substituir os nomes por figuras será melhor, porque elas estimulam o interesse dos participantes e permitem que as respostas sejam mais exatas.) Prenda uma ficha com o nome ou a figura do animal nas costas de cada criança. Quando você der sinal, os participantes devem fazer perguntas entre si, pedindo pistas para descobrir quem são. Peça que façam perguntas a todos os participantes, uma pergunta para cada um, para assim interagir com todos. Cada um poderá fazer quantas perguntas desejar, mas as respostas serão limitadas a sim, não, talvez e não sei. (Esta última é uma resposta importante. Os jogadores devem sair do jogo se derem respostas erradas.)

Lembre aos jogadores que suas perguntas devem ser a respeito das características de seu animal. Por exemplo, façam perguntas como: "Tenho asas?" Faça o jogo ficar mais educativo do que: "Sou uma borboleta?" (Você poderá ajudar os jogadores de primeira viagem a descobrir seu animal se der exemplos de tipos de perguntas.)

Para dar a todos a sensação de sucesso, deixe que o conhecimento de cada jogador seja a referência para a precisão de sua resposta. Por exemplo, para as crianças muito pequenas, pássaro pode ser uma boa resposta. Para aqueles que conhecem diferentes tipos de pássaros, pardal pode ser a resposta correta. Um experiente observador de pássaro pode dar uma resposta mais específica, e a resposta correta terá indicações de seu comportamento ou mesmo o nome de subespécies.

Assim que cada jogador tiver certeza do nome de seu animal, ele pode dizer: "Sou um ...?". Se ele estiver correto, deixe-o pendurar a foto na frente de sua camisa; dessa maneira você saberá quem terminou e quem ainda não.

Além de ensinar os conceitos de classificação animal, essa atividade ajuda também a desenvolver três qualidades importantes:

1. Disponibilidade para idéias novas: evitando preconceitos e julgamentos precipitados. "Vejamos, vivo na floresta; sou um animal de sangue quente; tenho hábitos noturnos e posso voar. Bem, isso significa que sou um pássaro." (Na verdade as respostas possíveis são: esquilo voador[10] ou morcego.)

10. Vide nota na página 93.

2. Discernimento: usar novas informações e testar sua validade. Vejamos alguns exemplos: a) "Posso nadar, e sou de sangue quente. (Então devo ser um pássaro ou mamífero. Que pássaros e mamíferos nadam?)" b) João me contou que sou membro da família dos roedores. Mas sou um predador. Acho que devo desconsiderar a resposta do João, por que nenhum roedor é predador. Além disso, eu tenho pegadas semelhantes às de um cão. Aposto que sou um coiote (lobo americano) ou uma raposa. Vou perguntar a Maria se meu uivo é agudo.

3. Preocupação com os semelhantes: uma das características desta brincadeira que mais aprecio é a preocupação e o incentivo que os participantes demonstram ter entre si. Muitos deles não consideram a brincadeira encerrada até que todos tenham adivinhado corretamente que animais eles são. Tenho presenciado inúmeras vezes seis ou sete participantes reunidos em volta do último, ajudando-o a terminar a brincadeira.

Variação opcional para crianças mais velhas. Abaixo estão relacionadas algumas perguntas iniciais que poderão ajudar a restringir a escolha entre alguns grupos de animais (mamíferos, insetos, moluscos, etc.). Se desejar obter maiores informações a respeito das características de alguns indivíduos ou grupos de animais, recomendo que você leia publicações ou artigos sobre zoologia.

"Sou um vertebrado (animal com espinha dorsal)?"

Se a resposta for positiva, haverá cinco possibilidades: peixes, anfíbios, répteis, aves, mamíferos.

Para dividir os vertebrados em grupos menores, pergunte se o animal tem sangue quente ou frio. "Vertebrados de sangue frio" significa que a temperatura do corpo do animal se modifica para se adaptar às mudanças de temperatura do ambiente. Os vertebrados de sangue frio são: peixes, anfíbios e répteis.

Os vertebrados de sangue quente são os animais que mantêm a mesma temperatura do corpo quer o clima seja frio ou quente. Os vertebrados de sangue quente são: aves e mamíferos.

Se a resposta for negativa (não é um vertebrado), significa que o animal é invertebrado (animal que não tem espinha dorsal). Eis uma lista dos invertebrados mais comuns: *Anelídeos* (minhoca, sanguessuga), *Equinodermos* (estrela-do-mar, bolacha do mar), *Moluscos* (lesmas, mariscos), Crustáceos (caranguejos, camarões), *Centípedes*, *Miriápodes*, *Aranhas*, *Insetos*.

Para dividir os invertebrados em categorias menores, pergunte: "Tenho pernas articuladas?" (Os invertebrados com pernas articuladas são: *Crustáceos, Centípedes, Miriápodes, Aranhas, Insetos*. Os invertebrados sem pernas articuladas são: *Anelídeos, Equinodermos, Moluscos*.)

Eis outras perguntas que ajudarão ainda mais a adivinhação: "Sou um predador?... Posso nadar?... Posso voar?... Moro no (mar, deserto, etc.)?... Tenho (2,4,6,8 ou mais de 8) pernas? (Você poderá fazer somente uma pergunta de cada vez)... Tenho cores brilhantes?... Sou noturno?"

ARCA DE NOÉ

A. Despertar o entusiasmo
B. Movimentos e comportamento animal
C. Dia e noite / qualquer lugar
D. 6 ou mais
E. 5 anos em diante
F. Fichas de cartolina, lápis

A idéia é encontrar seu par na confusão e na correria de bichos na **Arca de Noé**. Inicie contando o número de participantes, depois faça uma lista com nomes de bichos; o número deles deve ser a metade do número de participantes. (Escolha animais que tenham sons e/ou movimentos bem característicos, por exemplo, garças, cobras, patos, borboletas, sapos e lobos.)

Escreva o nome de cada bicho em duas fichas pequenas (3x5 cm) de cartolina. Quando você terminar, deverá haver tantas fichas em suas mãos quantos forem os participantes – uma ficha para cada participante. Se o número de crianças foi ímpar, escreva o nome de um dos bichos em três fichas, formando um trio para incluir o terceiro jogador.

Peça aos jogadores para formar um grande círculo. Embaralhe as fichas e distribua-as. Cada criança deverá ler sua ficha e transformar-se no bicho cujo nome lá está escrito, guardando segredo. Recolha as fichas.

A um sinal, os participantes começam a representar sons, formas e movimentos típicos do bicho com que foi sorteado, na tentativa de atrair seus pares. A atividade torna-se engraçada quando os bichos começam a latir, coaxar, chiar, zumbir, andar de modo elegante, balançar, saltar e fazer pose. As crianças poderão fazer qualquer ruído que desejarem, mas é proibido falar – cada bicho deve atrair seu par somente por meio da autenticidade de suas representações. Esta brincadeira termina com uma feliz confraternização e muitas gargalhadas.

PARTES DO ANIMAL

A. Despertar o entusiasmo
B. Características, movimentos e comportamento dos animais
C. Dia e noite / qualquer lugar
D. 3 a 6 por grupo
E. 7 anos em diante
F. Nenhum

Esta brincadeira funciona especialmente bem com crianças mais jovens e famílias. Gosto de ver pessoas de todas as idades brincando juntas com entusiasmo.

Divida seu grupo em equipes de 4 ou 5 participantes. Peça que cada equipe escolha um animal que eles consideram interessante. Então, diga que cada grupo terá de imitar o corpo do animal que escolheu. As equipes terão tempo para

111

ensaiar, antes de apresentar sua performance para as outras equipes, que tentarão adivinhar qual animal está sendo imitado. (Estimule as equipes a priorizar os movimentos físicos e não os sons ou se manter na mesma posição.)

Dê as equipes um período de cerca de cinco minutos para ensaiar: "Oh, não! O escorpião tem oito pernas – todos teremos de ser pernas!... Também posso ser a cabeça, porque estou na frente e meus braços serão os ferrões... Está bem, serei a cauda, mas penso que não vou agüentar por muito tempo. Vocês, rapazes, terão de inclinar para a frente e segurar uns nos outros para formar o corpo. Tudo pronto?"

Quando terminarem os ensaios, peça às equipes, uma

de cada vez, para apresentar seu animal. As outras equipes devem esperar o término da apresentação antes de dizer qual animal está sendo imitado.

VAIVÉM DOS ANIMAIS

Vaivém dos Animais torna a aprendizagem excitante e promove o envolvimento ativo de todos. É uma atividade inicial intensa e pode ser usada também para animar um grupo logo após o almoço ou ao final de tarde.

Para começar, faça um grande círculo ou quadrado de aproximadamente 12 metros de diâmetro. Você colocará um limite de maneira que todas as equipes estarão a uma mesma distância do centro (aproximadamente 6 metros). Você verá que a corda é a maneira mais conveniente de determinar o limite, mas você pode usar qualquer outro material.

A. Despertar o entusiasmo
B. História natural, memória, trabalho em equipe
C. Dia e noite / qualquer lugar
D. 6 ou mais
E. 8 anos em diante
F. Cartões com pistas de animais, corda, lápis e papel

Peça aos jogadores para formarem equipes de três e dê um lápis e papel para cada uma. Para ser mais divertido, cada equipe pode escolher um nome engraçado, inspirado na natureza, para si mesma. (Por exemplo, Pulga d'água, Maria sem Vergonha.) Agora, as equipes deverão ficar na parte de fora do círculo. Então, peça que cada equipe se apresente.

Coloque 30 cartões com pistas

de animais virados para cima no centro do círculo. Explique aos jogadores que há seis cartões com pistas para cada animal e que o objetivo do jogo é que cada equipe descubra a identidade de todos os cinco animais. (Explique que algumas pistas são muito genéricas e, portanto, sozinhas, são difíceis de ajudar na identificação de um determinado animal. Outras pistas são muito mais específicas.) As equipes não precisam encontrar os seis cartões de cada animal, mas apenas o suficiente para ter certeza sobre sua identidade. Não se esqueça de dizer aos jogadores que os cinco animais são bem diferentes uns dos outros. Por exemplo, não teremos uma raposa e um lobo num mesmo jogo.

Para começar a jogar, cada equipe manda um membro de cada vez pegar um cartão com uma pista. Estes não devem olhar seus cartões com a pista até que retornem para suas equipes. Em grupo, a equipe lê o cartão e tenta adivinhar a identidade do animal. Um segundo jogador leva o cartão de volta e seleciona um novo. Uma equipe não pode estar com mais de um cartão por vez. O processo continua até que a equipe considere que identificou os cinco animais.

Quando as equipes já tiverem selecionado seis ou mais cartões, você pode dizer aos jogadores para que olhem o cartão para ter certeza que é novo. Próximo ao final do jogo, você pode ajudar as equipes que ainda estiverem jogando e dizer que os jogadores podem pegar dois cartões por vez.

Quando uma equipe achar que sabe a identidade dos cinco animais, eles devem contar ao monitor e mostrar suas respostas. (Atenção: algumas equipes podem tentar adivinhar muito rápido. É importante lembrar os jogadores que é preciso ter pistas e informação suficientes para estarem razoavelmente certos sobre a identidade do animal. Muitas vezes a equipe que termina primeiro tem a pontuação mais baixa!)

As pessoas tendem a gostar das coisas que fazem com sucesso, por isso gosto de usar o seguinte sistema de pontuação, porque ele recompensa os esforços de todos. Os jogadores percebem a generosidade da contagem, contudo ficam satisfeitos com a pontuação alta.

Dê um ponto para cada palpite correto e tire dois pontos para cada incorreto. Então atribua nove pontos para cada palpite que uma equipe der, até cinco palpites. A primeira equipe a terminar ganha três pontos extras; a segunda equipe recebe dois pontos extras; e qualquer equipe que termine ganha um ponto extra. Então multiplique o total por dois.

Digamos que as Marias Sem Vergonha adivinhem a identidade correta de quatro dos animais. Diga-lhes: "Vocês ganham quatro pontos pelos palpites corretos, mais um ponto porque terminaram o jogo." (A equipe não ficou em primeiro ou segundo.) "E vocês adivinharam cinco vezes, então quatro vezes nove é quarenta e cinco. Quarenta e cinco pontos mais quatro e mais um é igual a cinqüenta. Tire dois pontos pelos palpites errados e vocês têm quarenta e oito. Agora multiplicamos isso por dois e vocês têm noventa e seis pontos. Bom trabalho, Marias Sem Vergonha!"

Abaixo estão alguns exemplos de pistas para cinco animais marinhos que você pode usar para criar seu próprio jogo. Ou, se preferir, você pode comprar o jogo completo com pistas de animais de floresta tropical e de animais marinhos[11].

Tartaruga Marinha

Logo após nascer, eu corro para o oceano em busca de segurança. Para pôr meus ovos, volto para a mesma praia onde nasci.

Caranguejo

Muitos de nós têm algas ou outros seres sobre nossas costas que nos ajudam a nos disfarçar. Nossos predadores são: peixes, aves, focas e polvos. Alguns de nós vivem em água doce.

11. Para adquirir os jogos em português: www.institutoroma.com.br
Em inglês: www.dawnpub.com

Tubarão

Tenho nadadeiras. Tenho de nadar continuamente senão eu afundo. Não tenho uma bexiga natatória que me permita flutuar, como os peixes. É por isso que você sempre vai me ver circulando por aí. (Algumas pessoas acham que sou um peixe, mas não sou!)

Estrela-do-mar

Eu abro uma concha e movo parte do meu estômago para dentro dela. Então despejo sucos que me ajudam a comer. Minhas cores são: vermelho, laranja e amarelo.

Baleia

Quando bebê, peso sete toneladas e tenho aproximadamente sete metros de comprimento. Eu ganho noventa quilos todos os dias. São quatro quilos por hora. Quando adulto, posso comer três toneladas de comida diariamente. Alimento-me de um animal parecido com o camarão, chamado krill.

Parte 5.

Brincar e descobrir

As brincadeiras desta parte são engraçadas, cheias de suspense, aventura e são realmente divertidas. Creio que as vivências com a natureza são um ótimo ponto de partida para conduzir as crianças a se relacionar com mais profundidade com o mundo natural. Minha maior preocupação é que as primeiras experiências das crianças com a natureza sejam positivas e estimulantes. Dessa forma, suas lembranças e considerações sobre o mundo natural partirão de um sentimento de alegria e serão sempre boas referências.

Em sua essência, estas brincadeiras são semelhantes às dos pequenos índios nos tempos antigos: ficando à espreita de animais e "inimigos", mexendo-se silenciosamente; aprendendo a ficar invisível mesmo diante de olhos aguçados; treinando os ouvidos para captar e reconhecer os mais variados sons; observando para não perder um único detalhe; treinando para correr e tornar-se mais ágil. As brincadeiras dos pequenos índios transformam-se em técnicas de sobrevivência de caçador, com a finalidade de lhes prover alimentos e levá-los a ter uma íntima comunhão com a terra onde vivem e com as criaturas com as quais convivem.

A. Despertar o entusiasmo
B. Exploração, vidas dos pioneiros
C. Dia / campina
D. 4 ou mais
E. 5 a 14 anos
F. Bandeira vermelha

PEGAR O CAVALO

No Centro Ambiental Aullwood, na cidade de Dayton, Estado de Ohio, há uma campina de 32 mil metros quadrados (3,2 hectares) com capins de dois metros e meio a três metros de altura. Na época em que eu trabalhava naquele Centro, reservamos uma pequena parte do terreno para brincadeiras que estimulassem a exploração e permitissem a realização de jogos de esconder e correr. Naquele magnífico espaço, brincávamos de **Pegar o Cavalo** em grande estilo.

"Na época dos pioneiros", contávamos às crianças, "os colonos freqüentemente perdiam seus cavalos nas campinas, e um deles tinha de subir numa árvore para tentar localizá-los. Aquele que subia na árvore apontava as direções que os companheiros deveriam tomar para pegar os cavalos." No Centro Ambiental, colocávamos uma criança numa árvore, segurando um grande lenço vermelho para sinalizar. O cavalo tomava a dianteira, e a perseguição começava. O cavalo era localizado diversas vezes, mas em geral fugia antes que seus perseguidores se aproximassem. O monitor indicava novas direções, e as crianças saíam novamente às carreiras para pegar o cavalo.

Elas gostavam tanto de brincar naquela campina que reagiam com indignação todas as vezes que lhes dizíamos que o local precisava ser queimado. (A Sociedade Audubon queima o capim a cada dois anos para impedir que se transforme em floresta.) Por várias vezes constatei que, se o primeiro encontro das pessoas com algum elemento da natureza for positivo e feliz, elas se tornarão suas defensoras ou do ambiente do qual fazem parte.

Plantações de milho e pastagens de capim alto são os lugares ideais para esta brincadeira. Escolha um elemento do grupo (talvez um adulto) que tenha bastante agilidade e resistência – ele será o "cavalo". Todos os outros participantes fecham os olhos, enquanto o cavalo toma três minutos de dianteira. Quando é chegada a hora, todos começam a correr no meio da vegetação para tentar aproximar-se do cavalo. Aquele que localizá-lo primeiro chama os companheiros para que se juntem à caçada.

Lembro-me especialmente de ter brincado de **Pegar o Cavalo** com alunos da terceira série, fugindo de suas investidas e perseguições durante uns bons quinze ou vinte minutos. Por várias vezes o professor organizava os alunos para fazerem manobras em círculos, e eu mal conseguia escapar e me esconder na moita mais próxima. No final, estávamos todos completamente exaustos de tanto correr em meio a um capim de três metros de altura. Por ter corrido incessantemente em círculos em torno das crianças, no final eu me atirava cambaleante ao solo. Quando tentava me levantar, elas se amontoavam em cima de mim. A energia inesgotável das crianças, o capim, as árvores e o céu translúcido pareciam girar acima de mim em enormes movimentos circulares. Deitávamos naquela campina totalmente exauridos, mas saboreando um esplêndido estado de unicidade com aquela vegetação.

122 CAMUFLAGEM

Um bom momento para brincar de **Camuflagem** é quando estamos retornando de uma caminhada noturna, ou então num esplêndido fim de tarde de verão, logo antes do cair da noite.

A. Concentrar a atenção
B. Tranqüilidade, observação
C. Noite / estrada ou trilha
D. 4 ou mais
E. 7 anos em diante
F. Lanternas

Divida o grupo em duas equipes – os perseguidores e os perseguidos. Os perseguidos espalham-se para se esconder num trecho demarcado, mais próximos ou mais afastados da trilha, dependendo da claridade da lua e se os perseguidores usam lanternas ou não. Como o corpo das crianças que vão se esconder deve ser visto pelo menos

de um determinado ponto da trilha, elas devem tentar se camuflar com os elementos da natureza para que fiquem invisíveis.

O caçador indígena norte–americano, que às vezes vestia um traje de camuflagem, também procurava personificar o animal ou objeto do ambiente ao qual queria se camuflar, pensando como ele e incorporando sua consciência. Ele sabia que o veado, o urso ou a ave que estava caçando podiam detectar sua presença não só com os olhos, nariz e ouvidos, mas também com o poder de "sentir" a presença do homem. Os participantes que ficam escondidos poderão fazer uso dessa faculdade intuitiva, que nós, humanos, também temos, procurando sentir que são parte integrante daqueles elementos da natureza ao seu redor; e os perseguidores tentarão sentir a presença de algo diferente entre as pedras e as folhagens. Assim que todos os perseguidores passarem pelo camuflado (os perseguidores devem caminhar próximos uns dos outros), ele poderá se identificar.

SELVAGENS DAS CAVERNAS

Aventureiros jovens e corajosos preparam-se para caminhar com segurança numa floresta repleta de homens selvagens.

Descubra uma área densa de árvores e arbustos, com diversas trilhas, ou qualquer terreno que tenha bons esconderijos. O ideal seria uma floresta densa (desde que não tenha plantas perigosas como urtigas ou outras com espinhos). Você deverá demarcar os limites da "floresta dos selvagens". O tamanho da área dependerá do número de participantes e de esconderijos. Se o terreno não tiver muitas árvores, ou se o grupo for muito grande, será necessário ampliar os limites.

Escolha de cinco a oito adultos ou crianças mais velhas para que representem os homens selvagens. Eles deverão se trajar adequadamente para ficar com uma aparência feroz, passando lama e ketchup no corpo, de modo que pareçam manchas de sangue, e portar vários objetos que façam ruídos. Os selvagens espalham-se pela floresta, prontos para atacar (ou pelo menos para animar a brincadeira) qualquer um que encontrem.

Antes de entrar na floresta, cada criança recebe quatro feijões. Cada vez que for apanhada, o selvagem exigirá um de seus feijões. A criança deverá entregar-lhe o feijão e voltar ao ponto de partida para começar tudo de novo. Se entregar todos os feijões, terá direito a receber outros. Os participantes que retornarem ao ponto de partida deverão percorrer o caminho do lado de fora da área demarcada,

A. Despertar o entusiasmo
B. Exploração, estado de alerta, espreita
C. Dia / mata, floresta
D. 13 ou mais
E. 9 anos em diante
F. Feijões, objetos que façam ruídos

para não confundir os selvagens.

A atuação dos homens selvagens terá papel essencial no grau de divertimento das crianças. Em vez de tomar todos os feijões que puderem, os selvagens deverão proporcionar às crianças alguns momentos de satisfação: deixar que fujam quando estiverem bem próximo de pegá-las e depois tropeçar num toco ou raiz, dando um grito de dor. Os selvagens poderão preparar armadilhas para as crianças mais rápidas e dar um jeito para que as mais lentas escapem. Enfatize aos homens selvagens sobre a importância da segurança e de não assustar demais as crianças para que não corram sem controle nas áreas mais fechadas da mata. É aconselhável também que você percorra a área antes da atividade, para certificar-se de que não há perigos potenciais tais como plantas venenosas, ninhos de vespas, grandes buracos e declives.

Quando as crianças estiverem reunidas e prontas para a brincadeira, grite aos selvagens: "façam algum barulho para sabermos se vocês estão aí." Os vários ruídos que se sucederão, compostos de berros, assobios, sons de cornetas, latas batendo e gritarias, formando um conjunto de sons ensurdecedores, darão um clima especial de aventura para a vivência na floresta. As crianças adoram um bom susto e falarão durante vários dias sobre os sustos que levaram.

A. Concentrar a atenção
B. Tranqüilidade, concentração e espreita
C. Dia / clareira
D. 5 ou mais
E. 6 anos em diante
F. Uma venda para os olhos

SENHOR DORMINHOCO

Escolha uma pessoa do grupo para ser o Dorminhoco. Os demais participantes serão os espiões. O Dorminhoco senta-se no chão com os olhos vendados, vigiando atentamente um objeto de grande valor para ele e que está na sua frente. (Poderá ser um chapéu ou uma bandeira.) Porém, o Dorminhoco não consegue ficar acordado durante muito tempo para guardar seu tesouro e adormece.

Faça esta atividade em uma área onde os espiões possam fazer algum barulho, mas não muito. Os espiões formam um círculo em torno do Dorminhoco, distante cerca de trinta passos (a distância poderá ser reduzida se o chão ao redor for coberto por algo que provoque ruídos). A um sinal, os espiões começam a avançar no mais completo silêncio (estimule-os a caminharem descalços, se quiserem). Eles devem tentar se aproximar o mais que puderem para roubar o tesouro sem acordar o Dorminhoco; portanto, é necessário que fiquem atentos e que tenham o controle de cada movimento do seu corpo. Se o Dorminhoco perceber alguém se aproximando, apontará naquela direção. Se a direção apontada estiver correta ou quase correta, o espião deve ficar "congelado". Quase sempre isso gera algumas discussões, portanto, é aconselhável haver um "juiz" que ficará atrás do Dorminhoco e decidirá se o barulho feito foi significativo e se o espião deverá "congelar" ou não. Todos deverão obedecer ao juiz. (Avise ao Dorminhoco e aos espiões que o juiz apontará apenas para os barulhos mais altos e que pode não se manifestar em relação a todos os sons.)

Quando um bom número de espiões estiver "congelado" ou alcançado o tesouro, pare a brincadeira e permita que voltem ao ponto inicial e comecem tudo de novo. Ao mesmo tempo, deixe que quem tocou o tesouro fique atrás da roda esperando silenciosamente, até que o jogo termine. Certifique-se de que ninguém faça ruídos enquanto o jogo permanecer paralisado. A um sinal, todos começam novamente a se aproximar furtivamente do Dorminhoco. Não permita que corram ou se precipitem para pegar o tesouro. O espião que conseguir apanhá-lo será o Senhor na próxima vez.

Como todas as crianças devem permanecer em silêncio durante esta brincadeira, e se vocês estiverem numa área silvestre, haverá uma boa oportunidade de conhecerem animais que vivem escondidos. É também uma boa atividade para ensinar o autocontrole e para acalmar um grupo de crianças excessivamente barulhentas, preparando-as para as atividades mais concentradas.

MORCEGO E MARIPOSA

Peça que o grupo forme um círculo de três a quatro metros de diâmetro. Escolha alguém para ser o morcego. Peça-lhe que vá até o centro do círculo para vendar seus olhos. Destaque três a cinco crianças para serem as mariposas e peça-lhes que fiquem no centro do círculo. O morcego deve tentar pegar as mariposas.

Todas as vezes que o morcego gritar "Morcego!", as mariposas gritam "Mariposas!". Diga às mariposas: "Sempre que o morcego gritar "Morcego!" significa que o sinal de radar dele está captando vocês. Ele envia esse sinal para ver se há algo por perto. O grito bate em vocês e retorna a ele como um sinal de radar. O sinal de retorno é a palavra "Mariposa!", que vocês gritam. Assim, ele sabe que há mariposas por perto – e apronta-se para pegá-las!".

O morcego capta e localiza as mariposas quando ouve suas respostas. (Estimule o morcego a perseguir as mariposas na altura da cintura.) É necessário um bom poder de concentração, confiança e habilidade em se mover, para ser um morcego vitorioso. Procure escolher um jogador que tenha essas características para que a brincadeira fique mais dinâmica e divertida. Se for necessário ajudar o morcego, feche um pouco o círculo: "OK, todos dêem um passo à frente".

A. Despertar o entusiasmo
B. Percepção auditiva, concentração
C. Dia / clareira ou estrada
D. 6 ou mais
E. 5 anos em diante
F. Uma venda para os olhos

Use esse artifício se o morcego for muito tímido, ou depois que a maioria das mariposas estiverem pegas. Outra dica para que as Mariposas sejam pegas mais facilmente é aumentar a freqüência em dizer "morcego", por exemplo, "morcego... morcego... morcego", ao invés de "morcego.........morcego.........morcego........."

Esta atividade ensina também conceitos científicos tais como adaptação, seleção natural e predador-presa, assim como desenvolve a audição e a concentração. Depois que as mariposas forem pegas, pergunte se alguém notou alguma característica que fez que elas sobrevivessem por mais tempo. Exemplos disso seriam porque as mariposas foram mais velozes, pararam agachadas ou porque emitiram sons mais baixos. Lembre aos jogadores que esses comportamentos bem-sucedidos as ajudam a viver por mais tempo e esse processo é chamado de seleção natural.

As crianças adoram **Morcego e Mariposa** e isso faz que a minha única dificuldade seja quando elas não querem mais brincar de outra coisa.

SENTINELA DA ESTRADA

Esta brincadeira deve ser realizada à noite, numa estrada não pavimentada e sem movimento. A sentinela senta-se no meio da estrada com os olhos fechados e uma lanterna na mão. As outras crianças alinham-se num ponto de partida a uma distância de quatro metros e meio. Algumas delas tentam passar silenciosamente pela sentinela para chegar a um território, marcado por uma linha localizada a três metros. Se a sentinela ouvir qualquer ruído, aponta a lanterna acesa naquela direção. Aquele que for iluminado pela lanterna deverá ficar "congelado". (Não vale ficar movimentando continuamente a lanterna!) Depois que vários participantes estiverem "congelados", peça um tempo para que voltem ao ponto de partida e recomecem a brincadeira. O primeiro a passar pela sentinela e alcançar o território tornar-se-á a nova **Sentinela da Estrada**.

A. Concentrar a atenção
B. Tranqüilidade, concentração e espreita
C. Noite / estrada
D. 5 ou mais
E. 5 a 13 anos
F. Uma lanterna

Parte 6.

Localizar e atrair animais

Quase todas as pessoas gostam de observar animais. Minha conclusão é porque os animais representam com perfeição as virtudes de pureza e espontaneidade; estão constantemente nos lembrando de que todas as criaturas – inclusive nós – têm direito a uma vida livre e feliz.

Recordo-me de uma experiência quando era menino que despertou em mim uma duradoura fascinação por pântanos e por uma vida livre no ambiente selvagem. Certa manhã fria e nublada, eu estava brincando sozinho ao ar livre, quando de repente ouvi um coro assustador de grasnidos vindo do céu em minha direção. Fixei os olhos atentamente através da espessa neblina, na esperança de ver os gansos nem que fosse por um só momento. Passaram-se

alguns segundos; o ritmo dos gritos intensificou-se. Eles estavam voando acima de minha cabeça! Podia ouvir suas asas batendo bem próximo a mim. Repentinamente, emergindo através de um espaço na neblina, surgiu um bando de gansos com penas cor de pérola. Parecia que tinham brotado do céu. Durante cinco ou seis magníficos segundos, suas formas graciosas e penas reluzentes ficaram visíveis, e em seguida desapareceram novamente na neblina. Suas vozes, perdendo-se na distância, pareciam dizer "Siga-nos, siga-nos". Depois que cresci, eu realmente os segui e passei a conviver com eles.

Hoje vivo na floresta, onde raramente vejo gansos. Porém, quando os ouço voando acima de mim, suas vozes sempre me tentam a segui-los outra vez.

As crianças sabem muito bem de sua afinidade com os animais. (Seus animais de estimação, ursos de pelúcia, livros e gravuras de animais comprovam esta afirmação.) Qualquer criança lhe dirá que a parte mais importante de um passeio na natureza é ver os animais selvagens. As atividades deste capítulo destinam-se a ensinar às crianças métodos simples e comprovados para atrair animais.

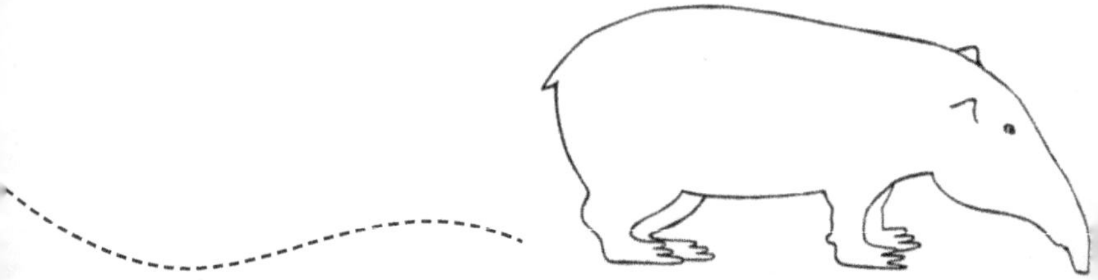

CHAMAR PÁSSAROS

Os observadores de pássaros têm sido tradicionalmente considerados pessoas excêntricas que caminham pelas florestas e sobem em árvores, portando uma profusão de cadernos de apontamentos, binóculos e câmaras fotográficas. Porém, se você tiver a oportunidade de observar os pássaros de perto, descobrirá como é maravilhoso vê-los e ouvi-los e como sua maneira de viver é fascinante. Talvez venha a descobrir que, além de entender os motivos da obsessão daquelas pessoas por pássaros, você também se sentirá atraído por eles!

A. Experiência direta
B. Atrair pássaros, empatia, paciência
C. Dia e noite / mata, floresta
D. 1 ou mais
E. 4 anos em diante
F. Nenhum

No mundo dos pássaros você encontrará, ao mesmo tempo, uma beleza extraordinária e uma simplicidade que nem imagina; desajeitadamente cheios de graça; uma força delicada e simples; grasnidos que ecoam no ar rarefeito das alturas como se a Terra estivesse gritando e dando gargalhadas.

Há uma forma de chamar pássaros que você poderá usar sem a necessidade de nenhum equipamento, a não ser a sua boca. Ele atrai muitos dos pássaros pequenos: pardais, canários, rouxinóis, pintassilgos, sabiás, pica-paus, beija-flores, maitacas, melros, rolinhas e muitos outros. Um pouco mais adiante neste livro, no capítulo que ensina a chamar predadores, você aprenderá como atrair pássaros maiores.

A chamada de passarinhos consiste em uma série de sons em forma de "phsss" repetidos ritmicamente. Os ritmos devem variar de acordo com as diferentes espécies de passarinhos. Eis alguns exemplos de ritmos simples que você poderá usar no início:

Phsss....... phsss.......phsss.......

Phsss.......phsss.......phsss-phssss.......phsss.......phsss

Cada uma destas séries deverá durar no mínimo três segundos. Experimente encontrar os ritmos que melhor se adaptem aos passarinhos de sua região.

Para obter melhores resultados, espere até ouvir passarinhos por perto. Ajoelhe-se ou fique imóvel, escondido parcialmente entre arbustos ou árvores, onde os passarinhos poderão pousar. Comece uma sucessão de chamadas, parando após três ou quatro séries para ouvir se há alguns deles se aproximando.

Se os passarinhos estiverem dispostos a responder suas chamadas, reagirão rapidamente. Alguns deles, mais curiosos, talvez voem até um local próximo para verificar o que está acontecendo. Outros procurarão se aproximar lenta e cautelosamente. Quando os passarinhos estiverem bem próximos, bastará apenas emitir mais uma série de chamados para que eles permaneçam por perto. Acho que esse tipo de chamado dá certo porque o som de "phsss" assemelha-se a um tipo de repreensão entre os pássaros. (Alguns naturalistas acreditam que ele se parece com a chamada da mãe-pássaro para alimentar os filhotes; outros, que ele simplesmente provoca a curiosidade deles.)

Os pássaros menores não gostam da presença de predadores e quase sempre atraem um bando de falcões ou corujas na esperança de que os ajudem a afugentá-los. Durante uma caminhada no alto das montanhas de Sierra Nevada, um grupo de escoteiros e eu passamos por uma dramática experiência desse tipo. Estávamos no meio de um matagal quando uma marta pulou diante de nós a uma distância de dois metros e meio. (A marta é um animal semelhante à doninha, do tamanho de um gato pequeno. Sobe nas árvores com agilidade, e os passarinhos fazem parte de sua alimentação.)

Emitimos nosso "chamado de perigo", e dentro de instantes dez cuidadosos passarinhos reuniram-se para nos socorrer. Chegaram bem perto da marta, repreendendo-a com veemência e indignação até que ela resolveu se afastar.

As crianças adoram fazer uso dessas chamadas. Várias vezes estive com grupos de crianças que ficavam deitadas em silêncio no chão da floresta, completamente absortas em observar os passarinhos voando acima delas em resposta aos seus chamados.

Se você usar a gravação com o grito agudo de uma coruja terá ainda resultados melhores (as pequenas corujas muitas vezes se alimentam de pequenos pássaros). Diversas vezes em que usei esse tipo de gravação, tive de 50 a 75 pássaros juntando-se e cantando a minha volta. Gosto de alternar os chamados – primeiro tocando a gravação da coruja, em seguida emitindo alguns "phsss", novamente com a gravação, etc. Pelo fato de o chamado da coruja ser tão eficaz, é importante evitar usá-lo durante a estação de acasalamento.

Entre os produtos da *Sharing Nature* há uma fita cassete chamada *"A Sharing Nature Walk"* que contém a gravação do grito da coruja para ser usada nesta atividade[12].

A. Experiência direta
B. Atrair pássaros, empatia, paciência
C. Dia e noite / mata, floresta
D. 1 a 3 por grupo
E. 7 anos em diante
F. Cobertor grosso, galho de árvore

PÁSSAROS NO GALHO

A inspiração para esta atividade surgiu de uma afirmação que li ou ouvi muitos anos atrás: "Há dois tipos de observador de pássaros. O primeiro tipo estuda os pássaros a distância, registrando suas características físicas e seu comportamento. O outro convive mais intimamente com eles; na verdade, os pássaros gostam tanto deste último quanto gostam de outros pássaros e chegam a pousar nele para ficar mais próximos."

12. Para adquiri-la, entre em contato com a Dawn Publication – www.dawnpub.com

Não tendo o talento de São Francisco para lidar com pássaros, mas desejando um relacionamento mais intenso com eles, passei a me questionar: "Será que os pássaros chegariam perto de mim se eu acrescentasse algo mais à minha estratégia de observador de pássaros? Durante anos acostumei-me a chamá-los por meio de 'phsss' (veja a atividade **Chamar Pássaros** na página 135), e eles chegaram quase a pousar em minha cabeça. Que tal se eu me cobrisse com um cobertor tendo nas mãos um galho de árvore? Será que os pássaros pousariam no galho?"

Há pouco tempo peguei um velho cobertor verde e um galho de dois metros e meio e comecei a andar a esmo pela floresta, até que ouvi sons de pássaros. Sentado e com o corpo e cabeça embrulhados no cobertor, segurei o galho imóvel no ar e comecei a chamá-los por meio de "phsss". Imediatamente ouvi alguns "aank-aank-aanks" e preparei-me para a chegada de alguns *nuthatches*[13] de peito vermelho. Estes passaros parecem miniaturas dos pica-paus comuns que conhecemos.

Dos galhos mais altos de uma árvore surgiram dois curiosos *nuthatches* de peito vermelho. Pararam para observar o local, e eu os chamei novamente. Um deles voou, vindo pousar na ponta do galho que eu segurava. Começou então a descer pelo galho até ficar a cerca de meio metro de mim, fitando atentamente meu rosto coberto pela sombra. Nesse ínterim, seu companheiro fez o primeiro de quatro vôos, vindo da árvore mais próxima até meu galho. Eis algumas sugestões e considerações que acho importantes para o sucesso de **Pássaros no Galho**: 1. Os pássaros são mais ativos de manhã. 2. Os pássaros ficam menos assustados com cobertores e tecidos grossos e coloridos. (Lembre-se de deixar seu rosto na sombra formada pelo cobertor.) 3. Os pássaros se aproximarão mais de você na mata ou na

13. Nuthatches são aves da família Sitidae, também chamadas de trepadeiras, mas que não ocorrem no Brasil. Os pássaros desta família gostam de trepar nas árvores ou escarpas, tendo patas fortes, cabeça grande e cauda curta. Aproveitando o longo bico, tiram os insetos para fora das cavidades. Têm um vôo desajeitado e ondulante, com chamamentos sonoros característicos de cada espécie. Nidificam em buracos e possuem uma forma especial de descerem as árvores apoiando-se numa pata, ficando freqüentemente suspensas no vazio.

floresta, onde sua presença é menos invasiva. 4. Escolha um local onde possa ouvir os sons dos pássaros em atividade. 5. Fique numa clareira, de modo que os pássaros não tenham outro lugar para pousar a não ser o galho que você tem nas mãos. 6. Mantenha o galho imóvel. (As crianças menores poderão segurar numa pequena árvore, como se fosse seu galho).

CHAMAR PREDADORES

A. Experiência direta
B. Atrair predadores, superar medos, paciência
C. Amanhecer, entardecer, noite / áreas com abrigo
D. 1 ou mais
E. 7 anos em diante
F. Apito para chamar animais

Os predadores são criaturas muito cautelosas. Você raramente verá acauã, corujas e outros predadores a não ser que você tenha sorte de topar ou localizar um ninho ou uma toca seguindo pegadas. Mas sua raridade e impressionante beleza selvagem tornam-se mais excitantes quando você realmente os vê. Você pode comprar apitos de chamar animais e com ele atrair predadores[14]. O chamado do apito que imita o som de um coelho ferido, por exemplo, freqüentemente atrai também não predadores; veados curiosos podem aparecer para dar uma olhada.

Encontre uma área com grande atividade animal (trilhas com pegadas e excrementos de animais, por exemplo). Esconda-se na vegetação mais fechada ou em outro abrigo

14. Esses apitos podem ser encontrados em lojas de brinquedos educativos, de artesanato, ou de instrumentos musicais de percussão.

natural com uma clareira ao redor. A razão para uma clareira é que você verá o animal se aproximar muito antes que ele o veja. Um grupo de universitários ignorou essa precaução uma vez e levou um bom susto quando uma raposa pulou bem no meio deles!

Para usar o apito de atrair animais, segure o meio dele entre seu polegar e o indicador tapando o resto do apito com seus outros dedos. O dedo mínimo deve tapar a extremidade final dele. No primeiro terço da chamada, mantenha-o por sobre a extremidade para suprimir o ruído; então libere-o com os dedos anelar e médio para executar o som de um lamento. Faça isso em seqüência uniforme. Deverá parecer um grito ou choro não muito diferentes de um gemido de bebê.

Se você pretende que todos os animais possíveis escutem o chamado, e também deseja produzir um efeito realista à medida que os animais cheguem perto; então dê algumas séries de chamados muito altos para atrair a atenção, e gradualmente abaixe o volume até que os chamados tornem-se um choramingo. Mantenha-se atento porque uma raposa pode estar se movendo sorrateiramente em sua direção.

Chamar Predadores nem sempre funciona, mas os resultados podem ser espetaculares. Um grupo de escoteiros e eu observamos um lince se mover a dezoito metros de nós. Em outra ocasião, um cervo respondeu ao chamado correndo em minha direção e me cheirou. Eu estava com outro grupo de escoteiros quando um açor, um grande falcão que às vezes corre no solo para apanhar sua presa, guinchou sobre nossas cabeças como uma bala. Nós avistamos então um falcão de cauda vermelha voando em círculos sobre nossas cabeças e nos esquecemos completamente do açor. Não podíamos imaginar que ele havia pousado silenciosamente e estava nos espreitando por trás; um dos escoteiros se mexeu de repente e afugentou o açor que alçou vôo, a apenas dez metros atrás de nós.

As crianças geralmente se mantêm quietas e atentas durante o período de meia hora que concedo para chamar animais. Até mesmo se nenhum predador ou veado se aproximam, elas gostam do suspense e do silêncio da floresta, do som dos esquilos e dos inúmeros cantos dos pássaros.

PASSEIO DE RECONHECIMENTO

Depois de estar pronto para o passeio, crie um clima de suspense que as crianças adorarão, dirigindo-se ao grupo em tom sério e conspirador: "Vamos realizar uma missão especial. O objetivo é pesquisar cuidadosamente a área ao nosso redor, não deixando escapar nada. Devemos observar e nos lembrar de todos os aspectos físicos e de todas as formas de vida. Deve haver sinais recentes da atividade de um predador nesta área, por isso, é importante que fiquemos escondidos e invisíveis."

Eis algumas sugestões de preparativos para o **Passeio de Reconhecimento**: 1. Não use rou-

A. Concentrar a atenção
B. Tocaia, observação da vida silvestre
C. Alvorecer, entardecer, noite / qualquer lugar
D. 1 ou mais
E. 7 anos em diante
F. Nenhum

pas finas, use somente roupas de lã ou algodão. 2. Para se camuflar, use roupas de cores semelhantes às do local. 3. Escureça seu rosto e suas mãos. 4. Calce sapatos que não façam barulho ou vá descalço.

Orientação a ser seguida durante o passeio:

1. Procure sempre ficar debaixo de uma folhagem ou próximo a ela. 2. Movimente-se devagar, parando após alguns passos para olhar ao redor. 3. Evite caminhar na mesma direção do vento, para que o odor de seu corpo não seja conduzido adiante de você.

O reconhecimento por meio da camuflagem aumenta a percepção do meio pelas crianças e melhora sua capacidade de descrever o que vê. Pelo fato de as crianças ficarem em silêncio e atentas, existe uma grande possibilidade de observarem a vida selvagem. Lembro-me de um grupo de quatro meninos da sexta série de um acampamento de Educação Ambiental que fez de tudo para ver os animais selvagens. Na verdade, esta atividade surgiu inspirada no entusiasmo daqueles meninos.

No primeiro dia de acampamento, quatro meninos indagaram-me de que maneira poderiam ver mais animais. Como também se interessavam por índios, contei-lhes que os indígenas caçadores costumavam jejuar durante vários dias para reduzir o odor que exalava de seus corpos, de modo que os animais não pudessem senti-lo. Nunca pensei que os meninos levassem tão a sério aquele súbito comentário, e muito menos que fossem mais além, acredito eu, do que qualquer índio sequer imaginou.

No dia seguinte, enquanto estávamos nadando, um dos

meninos ficou atolado até os quadris num mar de lama pegajosa. Todos nós tivemos muito trabalho para retirá-lo, e, com era de esperar, ficamos tão sujos que ninguém seria capaz de nos distinguir. Um dos meninos, completamente enlameado, anunciou com grande entusiasmo que agora os animais não poderiam nos ver e nem nos farejar, porque a lama ocultara nosso odor e também camuflara nossos corpos.

Aperfeiçoando nossos disfarces com muito mais lama, dirigimo-nos com cautela para não sermos vistos e ficamos à espreita dos animais. Era meio-dia, e a maior parte dos animais estava inerte e escondida; mesmo assim, divertimo-nos bastante: localizamos uma clareira promissora e separamo-nos, permanecendo ao redor dela. De repente, cinco silhuetas enlameadas apareceram de trás das rochas, árvores e moitas de capim, tentando captar qualquer movimento. Depois de uma hora ou pouco mais, a lama que nos cobria começou a provocar uma terrível coceira; corremos até o acampamento para tomar banho. Assim que adentramos a pequena via que dava acesso ao prédio principal, um professor, muito agitado, veio ao nosso encontro. O pessoal do Ministério da Educação acabara de visitar a área em volta do acampamento e estava, naquele exato momento, entrando no prédio. Apesar da terrível coceira que sentíamos, tivemos de permanecer na mata até a partida deles. Nossa espera tornou-se uma verdadeira agonia, mas foi contemporizada pelas ruidosas gargalhadas dos meninos.

Parte 7.

Viagem ao coração da natureza

Minha jovem amiga Katy, ao retornar de uma semana de acampamento selvagem, contou-me com entusiasmo sobre todas as escaladas, caminhadas e passeios de barco que havia feito. "Do que você mais gostou?", perguntei a ela. A resposta de Katy foi surpreendente pela sua simplicidade: "Quando fiquei sozinha com a natureza."

Ficar só na mata é uma experiência poderosa e purificadora para os jovens. Nesse momento eles estão em contato direto com rochas e árvores. A própria natureza se torna sua professora. É recompensador ver os jovens ficarem tão absortos ao vivenciar a mata. Também aprecio o espírito criativo que uma experiência com a natureza parece evocar, refletida nos nomes descritivos que as crianças dão a seus lugares especiais, nomes como Esconderijo da Serenidade, Paisagem Longínqua e Clareira na Folhagem de Luz Difusa. Uma vez que a experiência de isolamento na natureza é muito poderosa, meu amigo Michael Deranja e eu escrevemos *Viagem ao Coração da Natureza – Uma Exploração Dirigida*. O livro orienta os participantes a selecionar e explorar seus próprios lugares especiais na natureza em uma série de cinco visitas. Uma variedade de histórias e atividades orienta os "aventureiros" para que seu tempo seja dirigido de maneira significativa. Aprender a amar e cuidar da natureza de um lugar estimulará um amor por toda a natureza.

As quatro atividades seguintes dão uma amostra de uma **Viagem ao Coração da Natureza** e funcionam como uma introdução maravilhosa a esse programa.

EXPLORAR LUGARES ESPECIAIS (Uma série de quatro atividades)

Selecione uma área natural com uma variedade de habitats onde o grupo possa se espalhar e cada pessoa consiga encontrar um lugar especial. Se houver crianças mais novas talvez você queira procurar uma área naturalmente demarcada de maneira que você mantenha todos à vista. Se o lugar for seguro, os jovens talvez queiram ir mais longe, se estiverem acostumados ao ambiente natural.

Diga ao grupo que eles terão algum tempo (25 a 40 minutos é um bom limite) para encontrar um lugar especial e para empreender as atividades do **Guia do Explorador**. Eles não têm de fazer todas as atividades, mas devem escolher aquelas que os interessem mais e possam proporcionar um maior envolvimento com seus lugares especiais. Eles também farão um cartão para convidar uma pessoa a visitar esses lugares. Na hora combinada, os exploradores devem voltar, dividir-se em pares e compartilhar seus lugares (isso levará mais ou menos 20 minutos). Depois disso, eles se encontram novamente e partilham suas descobertas com os demais integrantes do grupo.

A. Experiência direta
B. Exploração, reflexão
C. Dia / área natural com habitats variados
D. 2 ou mais
E. 10 anos em diante
F. Um Guia do Explorador para cada criança (veja páginas fotocopiáveis 152 a 159, lápis, pranchetas, convites)

- Encontrar e explorar lugares especiais
- Atividades do Guia do Explorador – 35 minutos[15]
- Compartilhar seu lugar com um amigo – 20 minutos
- Compartilhar com o grupo – 15 minutos

Distribua lápis, pranchetas, o **Guia do Explorador** e explique algumas de suas atividades com entusiasmo, de maneira que as crianças possam começar a captar o espírito de aventura. Por exemplo, diga aos exploradores que se eles fizerem um desenho de suas melhores vistas, podem mostrá-lo a seus convidados para verificar se eles conseguem localizar o local usando o desenho como um guia.

Indique a área onde todos procurarão por um lugar especial e combine para que todos retornem na mesma hora. Diga a eles que você andará por perto para verificar onde todos estão e como estão se saindo.

15. Escolha um período de tempo apropriado para o grupo. Dê tempo também para a transição entre as atividades. As atividades podem ser feitas individualmente se o grupo tem menor capacidade de concentração e necessita de mais liderança.

••• GUIA DO EXPLORADOR •••

PRIMEIRAS IMPRESSÕES

Minha viagem a ....

....

....

Explorador ....

....

Depois de escolher uma área especial, leve algum tempo para passear pelo lugar e apenas divirta-se. Então escolha um local confortável onde você possa pensar sobre o seu lugar e responder as seguintes perguntas:

Quais foram as primeiras coisas que você notou a respeito de seu lugar?

....

....

....

....

Como você se sente estando aí?

....

....

....

....

Escolha um nome que se ajuste a seu lugar especial. Você pode mudá-lo mais tarde se pensar em algo melhor. Mas nomeá-lo desde o começo ajudará a torná-lo seu imediatamente.

O nome do meu lugar especial é:

....

....

••• GUIA DO EXPLORADOR •••
EM BUSCA DE AVENTURAS

A. Encontre a vista mais bonita e dê um nome especial a ela. Depois, desenhe-a no espaço reservado para foto abaixo. Mais tarde, você irá verificar se um amigo pode encontrar sua mais bela vista usando seu desenho como guia.

B. Encontre o melhor lugar para ouvir sons da natureza. Então verifique quanto tempo você leva para ouvir pelo menos cinco sons naturais diferentes. Veja se consegue descobrir o que está produzindo esses sons.

Escreva os sons (e quem os emitiu):

1) ....

2) ....

3) ....

4) ....

5) ....

C. Descreva o pio de um pássaro ou qualquer outro som natural que ouvir usando palavras ou letras. Por exemplo, o pio do Bem-Te-Vi (bem te vi).

O som que você ouviu:

....

D. Encontre a árvore mais antiga ou mais admirável. Desenhe-a e conte porque ela é única.

E. Use suas mãos para encontrar os lugares mais quentes e os mais frios. Também procure pelos locais mais úmidos e pelos mais secos. Você pode encontrar os lugares mais agitados, com mais vento e os mais calmos? Faça um mapa simples de sua área e marque todos esses lugares nele.

F. Pare em lugares diferentes. Feche os olhos e concentre sua atenção no sentido do olfato. Encontre três cheiros diferentes e descreva-os. Veja se consegue dizer de onde eles vêm.

1) ....

2) ....

3) ....

G. Encontre algo que:

1) Seja pequeno e tenha cinco ou mais cores.

2) Faça você sorrir.

••• GUIA DO EXPLORADOR •••

A POESIA DO SEU LUGAR

Escrever um poema é outra maneira de se tornar mais consciente de seu lugar. Selecione um lugar preferido, sente-se por alguns minutos, observe e desfrute. Note como cada som, movimento, textura e cor são diferentes. Sinta a qualidade especial que cada um deles expressa. Se você avistar um bando de pássaros voando veloz e certeiro, sinta a alegria do vôo em seu coração. Se você vir uma árvore balançando na brisa leve, sinta sua força e graça. Tente escrever um **Poema Vertical** – você se surpreenderá como é fácil fazê-lo.

Poema vertical – Escolha uma palavra que capte o sentimento do lugar que você escolheu. Use cada letra da palavra para começar uma linha do seu poema. Enquanto andava no Monte Subasio perto de Assis, Itália, escrevi um poema com a palavra “spring”. As colinas cobertas de flores expressavam um sentimento de excitação à medida que as sombras das nuvens corriam sobre elas.

S UN – MADE CLOUD SHADOWS[16]
P LACED ON THE EARTH
R UNNING ACROSS ITS SURFACE
I N AND OUT OF THE SUN I SIT
N OT LONG DOES THE CLOUD'S TWIN STAY
G OING, GOING ON ITS WAY.

16. A palavra vertical, SPRING, quer dizer primavera, em inglês. Segue a tradução: Sol – sombra das nuvens / Colocadas na terra / Percorrendo sua superfície / Sento-me dentro e fora do sol / As nuvens gêmeas não ficarão por muito tempo / Seguem, seguem seu caminho.

Agora escreva a palavra que você escolheu com uma letra em cada linha. Então use cada letra para começar uma linha de seu poema.[17]

....

....

....

....

....

....

....

....

....

....

....

17. Segue um poema vertical feito por Haydee Fernanda, por ocasião de uma oficina de introdução ao Aprendizado Seqüencial, em agosto de 2005 no Parque Gunma, município de Santa Bárbara, PA, a partir da palavra ÁRVORE:

> **A**inda não ouviram nesta terra
> **R**etumbar o pulso verde instigante
> **V**iu-se um rio passar de repente
> **O**de de sons ruidosos-torturantes
> **R**ecuperar: o amanhã adoece
> **E**spera o verde. Alguém se compadece?

••• GUIA DO EXPLORADOR •••

COMPARTILHAR SEU LUGAR COM UM AMIGO

Quando todos tiverem retornado de seus lugares especiais, peça-lhes para fazer um convite com o cartão, caso ainda não tenham feito.

Você está convidado a explorar:

A FLORESTA GIGANTE.

Seu guia é: José.

Peça para a metade do grupo colocar seus convites em um boné; então faça que aqueles que ainda têm seus convites peguem um novo convite que está no boné. Com o novo convite, eles devem trabalhar em pares com a pessoa cujo convite sortearam. Por exemplo, se Maria sorteou o convite de Bárbara, Maria fica com o convite de Bárbara e dá o seu próprio para ela. Assim, Bárbara e Maria saem para compartilhar seus lugares especiais. Peça aos pares para compartilhar o que fizeram assim como qualquer outra coisa que eles descobriram a respeito de seus lugares especiais.

Quando os pares terminarem de compartilhar suas experiências, junte o grupo e refaça as atividades, uma por vez, permitindo que as pessoas compartilhem os nomes de seus lugares, desenhos, poemas, e outras coisas com o resto do grupo. Eu gosto de começar a compartilhar pedindo a todos que apontem na direção de seus lugares especiais. Há sempre muitas gargalhadas quando as crianças estendem seus braços apontando em todas as direções.

As atividades da Parte 7 compreendem apenas uma pequena parte do programa de **Viagem ao Coração da Natureza** apresentado no livro *Journey to the Hearth of Nature* (veja página 202). Temas para visitas ao lugar especial incluem: Uma grande família, Tornar-se próximo da natureza e Cuidar de seu lugar. Atividades e estórias inspiradoras ajudam os participantes a ter um sentimento de pertencimento e de conexão com seus lugares. Além do livro, um conjunto de atividades principais também está disponível para apoiar os professores dessas atividades de **Viagem ao Coração da Natureza**. Veja página 202 para mais informações.

Parte 8.

Aventuras

160 Para nos protegermos contra as condições desfavoráveis do clima, de insetos e animais perigosos, acabamos por nos privar da vitalidade e bem-estar proporcionados pela vida conectada aos ciclos naturais. Nosso instinto natural de autoproteção precisa ser contrabalançado por um espírito de aventura. Um espírito de busca para tocar e explorar o mundo nos coloca em condições de perceber facilmente a força que a natureza nos oferece.

Durante minha formação de naturalista, li e ouvi que certos índios da Califórnia costumavam caçar patos selvagens arrastando-se pelas águas dos pântanos à noite. Pro-

tegidos pela escuridão, eles caminhavam precisamente na direção dos patos. Como observador de pássaros isso chamou minha atenção, pois estava ansioso para observar aves aquáticas em seu ambiente natural.

Certa noite, coloquei calças e sapatos velhos e dirigime até meu pântano favorito. Ao me aproximar, quando já estava escuro, fui surpreendido por um enorme ruído. Milhares de gansos agitados, formando um imenso bando e batendo as asas com força num impulso para voar... de repente emergiram cobrindo o céu com seus corpos. E, deslizando um pouco mais acima das taboas, havia uma profusão de patos selvagens, voando em todas as direções.

Corri para a água, esquecendo-me de que era gelada, pois estava absorto pela intensa energia do pântano, que vibrava devido ao vôo rápido dos patos selvagens e dos barulhentos gansos que voavam formando um V. Quando a noite sem lua caiu e fez me fundir com a escuridão, os patos selvagens começaram a voar bem perto de mim. Zumbidos, chiados e pios chegaram aos meus ouvidos – exultantes! –, e os patos pousaram ao meu redor como se fossem enormes pingos de chuva.

De repente senti a presença de uma criatura no alto e olhei para cima; pairando acima de mim estava uma coruja-preta. Como eu estava somente com a cabeça fora da água, ela não podia distinguir se eu era uma boa presa ou não. Enquanto isso, os patos nadavam ao meu redor, alguns chegando tão perto que eu podia alcançá-los e tocá-los. Mais tarde, quando eu estava imóvel num lugar mais raso, um patinho passou nadando despreocupadamente entre minha pernas.

A experiência toda foi tão mágica que esqueci completamente de mim e do frio. Passei duas a três horas caminhando silenciosamente pela água, indo de um lado para o outro entre os patos, usando as mãos e os ouvidos para me guiar através da escuridão da noite.

É muito importante – quase essencial – que as primeiras experiências das pessoas com a natureza sejam surpreendentes e fascinantes. Esse contato inicial afasta por alguns momentos as preocupações e angústias que temos com nós mesmos, que impedem nossa identificação com outras formas de vida. Libertos dessa opressão e expandindo nossa visão e nossos interesses, o amor pela natureza surgirá espontaneamente. E as recordações desses momentos de expansão e de afeto atuam como lembranças que podem funcionar como estímulos para criarmos um modo de vida mais sensível.

CAÇADA IMÓVEL

A. Experiência direta
B. Serenidade, observação da vida silvestre
C. Dia e noite / qualquer lugar
D. 1 ou mais
E. 7 anos em diante
F. Nenhum

A **Caçada Imóvel** era praticada pelos índios norte-americanos. O índio guerreiro que quisesse fazer uma caçada imóvel caminhava até um local bem conhecido e que o atraísse. Chegando lá, numa floresta ou colina, ele se sentava e deixava sua mente ficar quieta e atenta. Se a sua chegada causasse alguma perturbação entre

os seres à sua volta, ele aguardava pacientemente até que o mundo natural retornasse à sua rotina normal e harmoniosa. Em geral, seu único desejo era observar e aprender.

Quando você for fazer uma **Caçada Imóvel**, deixe que o local onde vai se sentar o escolha. Você pode ser guiado intuitivamente para um lugar específico a fim de aprender uma determinada lição. Na primeira parte de sua caçada, é importante ficar imóvel, não mexendo nem a cabeça. Seja o mais discreto possível, deixando que o mundo ao seu redor prossiga, como aconteceria se você não estivesse lá. Sinta que você faz parte do ambiente natural; mentalmente, movimente-se com o balanço das folhas ou dance com a borboleta balançando-se no ar. Pelo fato de você estar imóvel, alguns animais curiosos poderão chegar perto para dar uma espiada. Certa vez, aproximou-se por trás de mim um animal misterioso que produzia um ruído à medida que se movia. Quando ele chegou a cerca de dois metros, minha coragem esmoreceu e virei rapidamente a cabeça. Quem fugia embrenhando-se nos arbustos era aquele dócil predador, o coelho-do-mato!

Compartilhar experiências pessoais com amigos após uma caçada imóvel aproxima mais o grupo. Cada caçador imóvel poderá falar a respeito de uma planta ou de um animal que avistou e das qualidades que lhe serviram de exemplo. Outra boa maneira de compartilhar experiências de uma **Caçada Imóvel** é deixar que cada criança faça uma representação daquilo que viu e sentiu quando estava sentada em silêncio. As outras crianças tentarão ajustar-se o mais que puderem ao espírito do que ela está dizendo. Nessas ocasiões deverá haver um clima de respeito e sensibilidade, se o objetivo for uma verdadeira troca de sentimentos e experiências entre o grupo.

PÔR-DO-SOL

A. Experiência direta
B. Astronomia, vida selvagem, biologia, serenidade
C. Pôr-do-Sol ou amanhecer
D. 1 ou mais
E. 9 anos em diante
F. Folhas de trabalho (veja o diagrama da página 168), lápis, lanterna

É maravilhoso estar ao ar livre à noite. Muitos animais estão ativos e são facilmente vistos. As últimas luzes do dia conferem a tudo uma cor dourada e intensa que alguns chamam de "luz gloriosa" e o lado oeste do céu se enche de grande beleza. Então, à medida que nosso sol nos deixa, podemos ver outras estrelas – poucas no início e então milhares.

A atividade **Pôr-do-Sol** ajuda você a notar e desfrutar dos eventos extraordinários que acontecem após o poente. Abaixo há uma lista de coisas que você pode observar. O que você vê dependerá da área e período do ano. Marque cada evento na ordem em que acontecem.

Por exemplo, se você notar primeiro que os pássaros diurnos estão quietos, você escreverá o número "um" em frente a pássaros diurnos. Se ouvir uma coruja ou outro pássaro noturno um pouco depois, escreva número "dois" perto de coruja piando, e assim por diante. Se um evento está mudando continuamente, como as nuvens que mudam de cor, você pode notar as mudanças escrevendo mais de um número para o evento, por exemplo, "cinco" e "oito" para nuvens mudam de cor.

Além de observar o pôr-do-sol no lado oeste do céu, olhe em todas as outras direções. Não se preocupe em perder algo ou conseguir a ordem exata na qual as coisas acontecem. Apenas numere as coisas à medida que as vê.

Como cada local é único, você provavelmente verá outros eventos também. Você poderá ver um bando de pássaros se juntar em uma árvore ou um mamífero começar sua perambulação noturna, peixes pulando para apanhar insetos voadores ou rãs cantando. Quando vir algo especial, escreva abaixo de outros eventos. Escreva um número para cada um desses eventos a fim de ter um registro de quando cada um ocorreu.

Para ter uma visão melhor, tente chegar ao seu local de observação do pôr-do-sol quinze minutos antes dele e planeje ficar por mais ou menos uma hora após o sol se pôr. Chegar com apenas quinze minutos de antecedência é especialmente importante se você está liderando um grupo, porque assim os participantes não terão de esperar muito tempo antes das grandes mudanças de luz e o início da atividade animal. Lembre-se de trazer uma lanterna com você porque assim você poderá ficar quanto tempo quiser.

A seguir, estão alguns fatos que induzem a reflexão que talvez você queira ler e compartilhar com os outros durante a observação do **Pôr-do-Sol**:

"Vocês acreditam que a maioria de nós consegue enxergar melhor do que um urso à noite e quase tão bem quanto um gato? Nossa visão noturna raramente alcança sua capacidade plena porque estamos sempre cercados pela luz artificial. Nossos olhos levam 45 minutos para recuperar sua visão noturna integralmente após olharmos para uma luz forte.

Em uma noite limpa e escura você provavelmente verá aproximadamente duas mil estrelas dentre mais de um trilhão que sabemos existir.

A luz viaja a 300 quilômetros por segundo. Contudo, algumas estrelas estão tão distantes que levam milhares ou até milhões de anos para que sua luz chegue até nós. Quando você olha para uma estrela, você pode estar vendo a luz que começou sua longa jornada há milhares de anos."

Pôr-do-Sol (Local .... / Data ....)

Primeiro planeta ou estrela ....

Grandes sombras ....

Morcegos voando ....

Tudo a leste é iluminado pela luz gloriosa ....

O que está a oeste perde sua luz diurna ....

Pássaros diurnos se calam ....

Colinas se tornam (descreva a cor) ....

O céu está escuro a não ser no oeste ....

Coruja ou outro pássaro noturno pia ou voa ....

Luzes de carros, edifícios ou acampamentos se tornam visíveis ....

Nuvens mudam de cor (descreva) ....

O Sol se põe no horizonte ....

Sombras individuais se misturam (onde você está) ....

Insetos noturnos estão ativos ....

As sombras da noite cobrem as colinas a leste ....

O céu se torna rosa claro ou de cor violeta (após o poente) ....

A Lua aparece ou brilha ....

As nuvens não são mais visíveis ....

A Estrela Dalva, As Três Marias ou o Cruzeiro do Sul aparecem ....

A temperatura refresca ....

A direção ou velocidade do vento muda ....

A primeira estrela cadente ou meteoro ....

Outros eventos: registre e numere quaisquer outros eventos que você notou, por exemplo, talvez você tenha visto um satélite ou ouvido um lobo guará.

....

....

....

....

O MUNDO À NOITE

Uivos de lobos, rangidos, piados tenebrosos de corujas, o vento soprando na copa das árvores, sons de animais caminhando sobre as folhas secas – os estranhos sons da noite aumentam o mistério do desconhecido mundo natural.

A maioria dos animais que ouvimos à noite raramente é vista. Para que você tenha maiores possibilidades de localizá-los, leve uma lanterna para descobri-los por meio do "brilho" dos olhos deles. Prenda a lanterna perto de seus olhos (na testa ou no nariz). Se quiser vê-los sem que eles o vejam, coloque um filtro vermelho ou um pedaço de celofane vermelho na lente da lanterna, uma vez que os animais não conseguem enxergar a luz vermelha.

A. Experiência direta
B. Vencer o medo, conhecer a natureza à noite
C. Do crepúsculo até a noite / qualquer lugar
D. 1 ou mais
E. 4 anos em diante
F. Lanterna (opcional)

Os passeios à noite têm outras vantagens além de atrair nossa atenção para os animais noturnos. As crianças ficam mais reflexivas e comunicativas à noite. Tenho observado que, a medida que a noite chega, elas ficam mais juntas umas das outras como forma de apoio mútuo. Após ouvirem os sons noturnos por alguns instantes, a conversa passa a girar em torno do medo do escuro e de animais selvagens. Muitas vezes, essa conversa ajuda as crianças a se libertarem do medo e faz com que se sintam relaxadas e confiantes quando retornamos ao acampamento.

SOBREVIVÊNCIA NA SELVA

A. Despertar o entusiasmo
B. Conviver com a natureza
C. Dia e noite / qualquer lugar
D. 1 ou mais
E. 9 anos em diante
F. Equipamento básico

"Se eu ficar perdido aqui, que devo fazer para sobreviver?" Todos aqueles que andaram por lugares selvagens já se imaginaram perdidos ou abandonados, sem equipamentos ou comida. Quais seriam suas chances de sobrevivência, se você se deparasse sozinho com o mundo selvagem? Para responder a essa pergunta, faça uma avaliação do quanto você conhece a respeito de viver na natureza. A sobrevivência na selva baseia-se principalmente na familiaridade com a natureza e em nossa habilidade em fazer uso inteligente daquilo que ela nos provê. Os índios norte-americanos foram capazes de viver intimamente com a natureza durante séculos e séculos porque a conheciam. Nunca temeram ficar sozinhos na selva, mas possivelmente gostavam dessa experiência.

Quando conhecemos técnicas de sobrevivência, adquirimos a confiança e a tranqüilidade que nos ajudam a perceber os vínculos inatos que existem entre nós e o mundo.

As experiências de sobrevivência podem ser muito divertidas. Há um elemento de aventura embutido nelas, mesmo quando duram apenas poucas horas. À medida que você vai adquirindo mais habilidades, talvez queira testá-las, permanecendo alguns dias ou uma semana na selva.

Para iniciantes, um bom projeto é aprender como construir um abrigo com materiais naturais. As crianças adoram construir fortalezas, e a surpreendente ingenuidade e engenhosidade que elas demonstram poderão ser estimuladas com a ajuda das sugestões que você lhes apresentar.

A localização de abrigo é importante. Se ele for mal localizado, você poderá descobrir que aquele pequeno recanto confortável que idealizou será transformado num verdadeiro rio, quando a chuva repentina levar uma corrente de água para dentro de seu abrigo. Eis algumas sugestões para construir um abrigo seco e confortável:

1. Construa o abrigo num local onde ele receba o sol da manhã (o amanhecer é o período mais frio do dia) e onde fique protegido contra o sol quente das tardes de verão. 2. Evite construí-lo sob árvores frondosas, porque as folhas ficarão gotejando por muito tempo após uma nevasca ou uma tempestade. Evite também construir debaixo de árvores mortas, pois elas podem deixar cair um ou dois galhos durante uma chuva forte. 3. Escolha um lugar onde haja água por perto e elementos de combustão (por exemplo, madeira ou esterco de animais). 4. Descubra uma área que tenha uma brisa constante, onde haverá menos mosquitos

no verão. 5. Não construa o abrigo num leito seco de rio. 6. Construa-o num local que pode ser facilmente encontrado ou deixe algumas marcas no entorno, caso seja necessário uma busca.

Para construir seu abrigo, use somente materiais mortos; não há necessidade de destruir a paisagem a não ser numa emergência.

Os temas para as excursões subseqüentes poderão ser: encontrar água e material de combustão; construir e acender fogueiras; descobrir e preparar alimentos nativos; fazer equipamentos usando elementos naturais e construir vários tipos de abrigo; fazer sinalização para pedir socorro; permanecer calmo e controlar o medo quando estiver perdido. Você encontrará uma valiosa discussão sobre estes temas em dois livros sobre sobrevivência: *Manual de Sobrevivência na Selva*. Pontes, Cícero Feliciano de, Editora IBGE, 1999 1ª edição e *Guia SOS Ecológico – Sobrevivência na Selva*. Negra, Armando Conceição Serra, Editora Brasiliense.[18]

18. Títulos em inglês: *Surviving the Unexpected Wilderness Emercenct*, de Gene Fear, publicado e distribuído pela The Survival Education Association, Tacoma, WA; e *How to Stay Alive in the Woods*, de Bradford Angier, publicado por Collier Books, New York, NY, EUA.

POEMA DOBRADO

A. Compartilhar inspiração
B. Companheirismo, reflexão
C. Dia e noite / qualquer lugar
D. 3 ou mais
E. 10 anos em diante
F. Lápis e papel

Depois de passar por uma intensa experiência com a natureza, gosto de sugerir a atividade do **Poema Dobrado** porque ela ajuda a todos expressarem a inspiração que estão sentindo. É uma maneira excelente de encerrar uma semana de acampamento, um passeio memorável ou uma **Caminhada Silenciosa** (veja página 179). Essa atividade foi originariamente criada pela Escola da Outward Bound[19] da Carolina do Norte.

Para começar, conte a todos que eles se dividirão em grupos de três pessoas e cada um escreverá um poema sobre um tema que eles selecionaram (alguma experiência compartilhada). Cada pessoa terá apenas um conhecimento parcial do que foi escrito pelos outros.

A primeira pessoa de cada time escreve a primeira linha do poema e passa o papel para a segunda. Essa segunda pessoa escreve uma linha que responde à primeira linha do primeiro escritor e escreve uma outra linha. Então ela dobra o poema de forma que a terceira pessoa veja apenas a última linha escrita. A terceira pessoa escreve uma linha respondendo a última linha da segunda pessoa e escreve outra linha. Então dobra o poema de maneira que o pri-

19. A Outward Bound (OBB) é uma instituição dedicada ao desenvolvimento de jovens por meio de aventuras desafiantes em ambientes naturais. Livros: EarthBook, de Larry Crenshaw, e North Carolina Outward Bound School, Menasha Ridge Press, 3169 Cahaba Heights Road, Birmingham, AL, 35243, pág.116.

meiro escritor veja apenas a última linha. A primeira pessoa escreve a última linha da estrofe. Abaixo está um diagrama de como fazê-lo.

LINHAS

1 Primeira pessoa escreve uma linha
2 Segunda pessoa responde
.... dobra ....
(Segunda pessoa dobra aqui antes...)

3 Segunda pessoa escreve uma nova linha
4 Terceira pessoa responde
.... dobra ....
(Terceira pessoa dobra aqui antes....)

5 Terceira pessoa escreve uma nova linha
6 Primeira pessoa responde

Separe-os agora e dê um lápis e papel para cada grupo. Diga-lhes que têm de 10 a 15 minutos para escrever seus poemas. Os grupos podem escrever mais de seis linhas se terminarem logo. Depois que todos os grupos tiverem escrito seus poemas, peça-lhes para ler seu poema para todos. Você se surpreenderá com a bela continuidade de idéias que percorre os poemas. Você também pode criar poemas que são escritos por todo o grupo estendendo o mesmo formato acima.

Abaixo está um exemplo de **Poema Dobrado**. Ele foi escrito por Ashleigh, Keith e Paul no Centro Aigas Field, na Escócia, depois de terem feito a atividade da **Fantasia Dirigida da Árvore** (extraído do livro, *Sharing The Joy of Nature*):

Ancorada profundamente dentro da Terra
Tocando alto em direção às nuvens
Abrindo verdes asas para capturar os ventos
Pequeninas sementes flutuam suspensas para germinarem no fundo da Terra úmida
Conseguindo aqui, ali e acolá...
A floresta veste a colina

EXPANDIR A CONSCIÊNCIA

Todos nós podemos provar, em algum momento de nossas vidas, um sentimento de expansão e de liberdade, quando nossa percepção transcende a nós mesmos e inclui todo o mundo a nossa volta. Nessas ocasiões, nosso espírito se eleva se uma grande ave voa acima de nós planando, inclinando e balançando as asas. O vento parece soprar vida em cada árvore por onde passa; um bando assustado de codornas voa subitamente, fazendo nossos corpos tremerem nervosamente; ou o estron-

A. Experiência direta
B. Expansão da consciência
C. Dia e noite / qualquer lugar
D. 1 pessoa
E. 10 anos em diante
F. Nenhum

do das águas de um volumoso rio, descendo por um desfiladeiro mais adiante, acalma-nos e eleva nossos pensamentos acima das alturas das montanhas rumo ao desconhecido.

John Muir ficava, às vezes, tão absorto durante seus passeios pelas Sierras, que uma excursão de um dia transformava-se numa viagem de vários dias ou mesmo semanas. Durante essas viagens, ele não carregava nenhum suprimento "essencial" como alimentos, agasalhos ou cobertores. John Muir se sustentava com seu amor pela beleza e pela solidão. Vejam como ele descreveu a inspiração que o nutria nesses lugares selvagens:

"Caminhe sempre silenciosamente em qualquer direção e prove o sabor da liberdade que sente um alpinista... Escale as montanhas e receba o que elas têm de melhor. A paz da natureza fluirá em você como a luz do sol flui nas árvores. Os ventos soprarão em você o frescor que deles emana e as tempestades o preencherão de energia, enquanto as preocupações caem como folhas de outono".

Só chegamos a compreender essa afirmação quando, como John Muir, entramos no mundo da natureza com o coração aberto, permitindo que esplêndidas experiências nos surpreendam. A receptividade, combinada aos nossos esforços para ajudar e compartilhar, permitem que essas inspirações fluam livremente em nossas vidas.

CAMINHADA SILENCIOSA
Uma atividade especial

De todas as atividades deste livro, esta é potencialmente a mais empoderadora. Caminhe em silêncio, abandonando as palavras e os traços de civilização, como os sapatos e as roupas sintéticas, que fazem barulhos contrastantes com os sons da natureza. O silêncio e a harmonia dessa atividade, principalmente se for realizada ao alvorecer ou ao anoitecer, despertam em nós a sensação de que estamos compartilhando o mundo com todos os seres vivos.

Os animais podem sentir o estado de agitação mental de um grupo de pessoas; eles não fugirão se perceberem uma intenção pacífica e harmoniosa (os cervos são particularmente sensíveis a isso). Tenho observado, nessas caminhadas, como os animais se afastam de nós sem o pavor que comumente expressam quando seres humanos se aproximam; ao contrário, eles se afastam um pouco, param e olham discretamente para satisfazer sua curiosidade. É maravilhoso quando sentimos nossa afinidade com os animais; adentramos em seu mundo como companheiros, e não como forasteiros, e a natureza nos aceita como parte dela.

Como o passeio requer sensibilidade e observação sutil, eu o proponho apenas às crianças que sinto serem receptivas e capazes de entender o espírito de compartilhar em silêncio.

Numa floresta de montanha, ao sul da Califórnia, doze meninos e eu preparamo-nos para uma **Caminhada**

Silenciosa, ficando um pouco afastados uns dos outros por um período de meia hora, em silêncio total. Em seguida, começamos a descer vagarosamente uma velha estrada sombreada, coberta de vegetação, rumo a um local onde poderíamos avistar o grande deserto Mojave, que se estende em todas as direções. Pássaros e insetos formavam um coro de vozes e o ar parecia eletrizado pelo nosso silêncio. Um dos meninos viu algo e bateu de leve nos ombros dos companheiros, apontando para aquilo que lhe chamara a atenção. Seus olhares testemunharam uma sensação de calma e alegria.

Vimos uma corça vindo lentamente em nossa direção, na intenção de pastar à beira da estrada. Quando estávamos a nove metros de distância, ela levantou a cabeça com elegância e nos fitou calmamente. Seus olhos eram tão inocentes e confiantes que nos comoveram; raramente fomos aceitos de modo tão incontestável pela natureza como naquele momento, por meio de sua meiga representante. Experimentamos um sentimento indescritível naquele instante, como se estivéssemos voltando para casa após um longo exílio.

Dez minutos depois encontramos três lobos correndo ao longo da estrada. Como se fossem filhotes, eles se aproximavam de nós, depois paravam uivando e inclinando a cabeça de um lado para o outro para nos observar, curiosos com aqueles forasteiros silenciosos.

Chegamos à beira da montanha, de onde podíamos descortinar o deserto, e lá permanecemos por uma hora, ainda em silêncio, deixando-nos absorver pelo mundo desse deserto que lentamente escurecia.

Quando uma pessoa se sintoniza harmoniosamente com o mundo, seus sentimentos de harmonia com outras pessoas também se intensificam. Ao observarmos a natureza em silêncio, descobrimos dentro de nós uma afinidade com tudo o que vemos – plantas, animais, pedras, terra e céu. Os índios norte-americanos sabiam que, em silêncio, os homens podem sentir que todas as coisas são expressões de uma única Vida e que nós, os humanos, também somos filhos daquela Vida.

"Tanto acima como abaixo. Tanto dentro como fora." À medida que ficamos mais próximos da natureza, descobrimos que o tema de nosso estudo não é realmente a natureza, mas a vida e a natureza de nós mesmos. A Natureza é de uma beleza sem fim; contudo conhecemos apenas um de seus bilhões de planetas. Seu esplendor estende-se por um espaço infinito e manifesta-se em mundos incalculáveis; porém, para nós, sua mais extraordinária dádiva continua a ser sua determinação em nos ensinar sobre nós mesmos. E quando compreendemos a nós mesmos e ao mundo a nossa volta, nós, humanos, nos tornamos a maior das suas realizações; pois através do homem a Natureza é capaz de observar e desfrutar de si mesma, em sua forma mais completa e intensa.

APÊNDICE
Pistas para Brincadeira do Nariz e Jogo dos Animais

1. Eu me movo rapidamente agora, mas sou mais lento na minha juventude.
2. Normalmente caço próximo à água, mas nem sempre.
3. Como insetos voadores.
4. Sou um voador forte.
5. Às vezes sou muito colorido.

6. Sou um animal de sangue frio. Meu esqueleto é externo e não interno.
7. Tenho duas pernas a mais que um rato e tenho olhos compostos muito grandes.
8. Com minhas quatro asas pareço um helicóptero voando no ar.

K H A D K T K Z

1. Minha espécie vive em todos estes lugares: lagos, brejos, baías salgadas e praias.
2. Tenho um pescoço longo e um corpo robusto e machos e fêmeas têm cores semelhantes.
3. Minha dieta consiste principalmente de peixes e crustáceos.

4. Faço ninho no chão em colônias.
5. Minha espécie voa em linhas regulares e alterna várias batidas de asas com um vôo planado. Apenas nadando posso apanhar peixes.
6. Eu vôo com minha cabeça arqueada sobre meus ombros.
7. Sou um grande pássaro aquático com envergadura de asa de 2,4 a 2,7 metros.
8. Minhas grandes bolsas na garganta são úteis para apanhar peixes.
9. Meus primos mais próximos (temos o mesmo sobrenome) vivem apenas perto do oceano, enquanto minha espécie se aventura mais para o interior. Tenho certeza que você ficará contente em saber que meus primos estão reaparecendo depois do envenenamento de DDT que reduziu seu número há poucos anos.

O D K H B Z M N A Q Z M B N

1. Como qualquer coisa que se mova e pode ser engolida.
2. Hiberno no inverno, exceto onde é quente.
3. Preciso viver em lugares úmidos ou chuvosos e evitar as altas temperaturas do verão e as baixas temperaturas do inverno.
4. Quase todos os meus parentes colocam seus ovos na água.
5. Sou atarracado e não ganharia muitas corridas.
6. Quase todos de nós cantam.

7. Posso secretar um veneno branco pegajoso. Em alguns de meus parentes, esse veneno pode matar ou paralisar cães e outros predadores que tentem comê-los.

8. Meus parentes mais próximos viajam para mais longe da água do que nossos primos distantes nos quais você pode estar pensando. Também, não é verdade, como dizem alguns, que posso causar verrugas em você.

R Z O N

1. A temperatura de meu corpo é normalmente sete graus mais quente do que a do homem.

2. Cada pé tem dois dedos na frente e dois atrás.

3. Freqüentemente ondulo quando vôo.

4. Minhas penas espinhosas e duras agem como um propulsor quando caço para comer.

5. Minha dieta consiste principalmente de insetos que vivem dentro de árvores, mas também de formigas, bolotas de carvalho, insetos voadores, frutas vermelhas (morangos, framboesas e amoras) e seiva.

6. Meu ninho é um buraco em árvores que eu mesmo faço.

7. Meu bico é usado para talhar madeira. Com minha língua comprida posso apanhar insetos que vivem em árvores.

O H B Z - O Z T

1. Minha visão é fraca, mas posso ouvir e cheirar muito bem.
2. Minha cauda tem 15 cm de comprimento ou um pouco menos.
3. Vivo geralmente no chão das florestas e nas matas.
4. Jovens e velhos de minha espécie são bons escaladores e quando incomodados encontram refúgio em árvores.
5. Minha dieta inclui o seguinte: pequenos mamíferos, insetos e carne, restos, pastagens, frutas e nozes.
6. Quando começa a esfriar e nevar, vou para abrigos para passar o inverno.
7. Sou de cor escura e às vezes peso até 226 quilos.

T Q R N

1. Posso andar e nadar.
2. Minha visão é boa, mas não tenho bom olfato.
3. Eu cuido e crio meus filhotes.
4. Minha temperatura corporal mantém-se constante.
5. Minha espécie é muito adaptável e vive em muitos ambientes diferentes.
6. Eu gosto de alterar o ambiente.
7. Ando em dois pés e falo várias línguas diferentes.

G T L Z M N R

1. Em temperaturas extremamente quentes e frias minha casa é também casa para muitos tipos diferentes de animais.
2. Tenho olhos e orelhas pequenas em relação ao resto de meu corpo.
3. Meus dentes da frente crescem constantemente.
4. Posso correr para frente e para trás.
5. Meu trabalho é considerado benéfico pelos humanos se for feito no meio natural.
6. Como raízes, caules e folhas.
7. Minhas patas dianteiras fortemente formadas e garras longas me equipam para cavar.
8. Procure por montes de terra se quiser ver onde trabalho. Meu trabalho é de grande auxílio porque ele lavra o solo e permite que mais água penetre no solo.
9. Vejo melhor que meu vizinho, a toupeira.

LZQLNSZ

1. Amamento meus filhotes e lambo seu pêlo.
2. Sou robusto, mas ágil.
3. Tenho mais medo de cães do que de humanos.
4. Minha variada dieta inclui roedores, coelhos, pássaros, ovos, rãs, peixe, insetos, bolotas de carvalho, frutas, melões, carniça e grãos.
5. Minha casa é uma árvore, um monte de pedras ou uma grande toca.

6. Sou ativo à noite.
7. Meus dedos são ágeis e curiosos.
8. Prefiro viver principalmente perto de lagos e ribeirões.
9. A máscara negra sobre meus olhos me disfarça quando saio à procura de comida. Comumente gosto de lavar qualquer comida antes de comê-la.

F T Z W H M H L

1. Se quiser me encontrar, procure por água.
2. Sou carnívoro e como principalmente insetos e os pequenos de minha espécie.
3. Sou um nadador forte e rápido.
4. Preciso de água gelada e bem oxigenada para viver.
5. Faço a desova de meus ovos na primavera em ribeirões pequenos e limpos.
6. Sou esguio e lustroso. Tenho escamas e nadadeiras.
7. Sou tão bonito quanto um arco íris.

S Q T S Z

Agradecimentos

(de Joseph Cornell, na edição americana)

Este livro, da mesma forma que um carvalho, extraiu nutrientes de inúmeras fontes. Gostaria de agradecer particularmente a estes amigos que, por meio de sugestões, incentivo e apoio, ajudaram-me a publicar o livro.

James Fuller, um líder profissional da juventude. Sugeriu que eu escrevesse o livro e deu apoio contínuo ao projeto.

Kathe Goria, John Hendrickson, Dick Paterson. Inúmeras idéias e inspirações deste livro surgiram de minha produtiva associação com estes amigos e ecologistas.

Garth Gilchrist. Garth está muito presente nestas páginas. Sou muito grato a ele por ter-me conseguido um retiro inspirador de três semanas num barco habitável em Klamath Marsh, durante o qual pudemos trabalhar sem distrações – exceto por avistarmos pássaros e mamíferos raros.

Michael Deranja, Nancy Graeber, Jean Rodgers, Joseph Selbie, Asha Praver, Kirtani Stickney, e meus outros amigos da Comunidade Ananda, por suas valiosas ajudas.

Anandi Cornell, por sua sabedoria e clareza.

Organizações Alta Cal Audubon. Seu generoso apoio financeiro tornou possível a primeira publicação deste livro.

Agradecimentos

(do Instituto Romã, na edição brasileira)

Gostaríamos de agradecer por sua colaboração, parceria e confiança:

Adriana Friedmann, da Aliança pela Infância; Néia Arantes, Roseli Penteado e Alessandra Tsuji, da Alquimia; a Vera, do CEA Nabuco; a Liete, da administração do Parque Nabuco; a Renata Lobo de Felício; Claudia Boacnin; Adir de Lima e Emílio Moufarrige da Editora Palas Athena; Cláudia Nardi; João Meirelles Filho e Marcos Violante. A Luciano Pessoa, pelo talento e dedicação que deram forma e vida a este livro.

Ao Projeto de Conservação Florestal e Educação Ambiental na Amazônia Oriental pelo seu valioso apoio que tornou possível esta edição.

A Jussara Gomes Gruber e aos índios Ticuna que nos inspiraram para as ilustrações deste livro.

A Naoko Miyoshi, da Nature Game Association, pelo grande estímulo e apoio que recebemos para difundir as Vivências com a Natureza no Brasil.

Um agradecimento especial a Angélica Del Nery pela sua dedicação, entusiasmo, amizade e carinho.

Índice das atividades

ATITUDES E QUALIDADES

Imaginação

Trilha Cega-47, Caminhada Cega-44, Passeio da Lagarta-62, Janelas da Terra-38, Encontre a Árvore-46, Faz-de-Conta-51

Memória

Vaivém dos Animais-112, Jogo dos Animais-90, Duplicação-64, Brincadeira do Nariz-87

Interação com a Natureza

Individual: Expandir a Consciência-175, Caçada Imóvel-163
Grupo: Caminhada Silenciosa-179

Mixers

Jogo dos Animais-90, Partes do Animal-110, Arca de Noé-109, Pirâmide da Vida-72, Corrida do Animal Selvagem-105

Silêncio e Solidão (aprendendo a desfrutar deles)

Trilha Cega-47, Caminhada Cega-44, Janelas da Terra-38, Expandir a Consciência-175, Sons-58, Caminhada Silenciosa-179, Caçada Imóvel-163, Pôr-do-Sol-165

Reforço Social (de atitudes ecológicas)

Poema Dobrado-173, Compartilhar seu Lugar-158, Caminhada Silenciosa-179

Trabalho em Grupo

Vaivém dos Animais-112, Jogo dos Animais-90, Partes do Animal-110, Pegar o Cavalo-120, Caminhada Silenciosa-179

Confiança

Trilha Cega-47, Caminhada Cega-44

CONCEITOS

AMBIENTE

ESTADOS DA MENTE (G = apenas para grupos)

Sharing Nature Foundation
Sharing Nature Worldwide

Joseph Cornell e outros educadores pessoalmente treinados por ele oferecem Workshops de percepção da Natureza durante todo o ano através da Sharing Nature Foundation. Eles se fundamentam nas atividades e filosofia apresentadas na série de 4 Volumes da Sharing Nature: Sharing Nature with Children, Sharing the Joy of Nature, Journey to the Heart of Nature e Listening to Nature.

Todo verão Joseph Cornell também conduz um workshop-retiro de uma semana em Assis, Itália, ou no Norte da Califórnia. Os participantes experienciam muitas maneiras de aprofundar sua apreciação do mundo natural e retornam com ferramentas efetivas e inspiradoras que podem usar profissionalmente e pessoalmente.

Além disto, Sharing Nature Worldwide é uma associação internacional de organizações e indivíduos que praticam a filosofia e atividades de Cornell.

Para descobrir mais sobre os coordenadores Sharing Nature e os programas em outros países, traduções estrangeiras dos livros do Cornell, e seu cronograma de Workshops, visite o web site da Sharing Nature, http://www.sharingnature.com. Para se inscrever em um programa, ou saber mais sobre a conferência de verão, escreva ou telefone para Sharing Nature Foundation no 14618 Tyler Foote Road, Nevada, Califórnia, 95959; ou telefone/fax: (530) 478-7650.

O Instituto Romã

Criado para representar a Sharing Nature Foundation no Brasil, tem como objetivo disseminar os princípios e o método de trabalho desenvolvido por esta instituição. O Instituto Romã dedica-se a facilitar o aprofundamento das relações dos indivíduos com a Natureza.

As práticas estão fundadas na convicção de que a Natureza é a grande mestra, mas é preciso preparar as pessoas para ouvi-las. Essa preparação supõe, além dos aspectos práticos, de posturas e de informações, a formação de uma necessidade de escuta e de aprendizado a partir da própria experiência.

Buscamos em nossas atividades trabalhar a percepção do momento presente, e com isso ajudar a:

- Ampliar a percepção dos sentidos;
- Desenvolver a consciência da Natureza por meio de um trabalho com as pessoas;

• Criar uma postura interativa não hierárquica entre as pessoas e a Natureza;

• Potencializar processos de auto-conhecimento a partir do contato com a Natureza;

• Ampliar a consciência da unidade existente entre todos os seres;

• Participar da construção de uma cultura de paz por meio da experiência direta com o ambiente natural;

• Contribuir com processos terapêuticos em diversas áreas de saúde;

• Trabalhar a inclusão social desenvolvendo projetos com grupos de pessoas especiais e de pessoas em situação de risco.

Nossos principais programas são:

• Oficinas de Formação de Multiplicadores Sharing Nature;

• Atividades com crianças e jovens em áreas naturais;

• Formação de Professores;

• Treinamentos Empresariais;

• Palestras.

Para saber mais sobre o Instituto Romã:

www.institutoroma.com.br

info@institutoroma.com.br

Tel: 11 3726-7939

Fax: 11 3722-6733

Séries da Sharing Nature

Por Joseph Cornell

Volume Um:

Sharing Nature with Children

The Classic Parent's Teachers' Nature Awareness Guidebook

Volume Dois:

Sharing the Joy of Nature

The Handbook for Nature Teachers with Nature Activies for all Ages

Continuação do Volume Um, apresenta preciosos jogos para todas as idades, além de ser um livro prático para educadores ambientais, onde Cornell explica a técnica do Aprendizado Seqüencial.

Volume Três:

Journey to the Heart of Nature

A Guided Exploration, especially for Young Adults

Por meio de estórias, atividades e prolongadas visitas a lugares especiais auto-escolhidos na natureza, Cornell conduz o leitor para uma apreciação cada vez mais profunda deste lugar – e por todos lugares naturais.

Volume Quatro:

Listening to Nature

A Journey of Beauty into the Essence of Nature

Um clássico livro para meditação e dinâmicas que conduzem à paz através da natureza. Além das fotos impressionantes o livro expressa o enorme entusiasmo de Cornell.

Sharing the Joy of Nature Vídeo

Filmado nas altas Sierras, Cornell compartilha neste vídeo de 40 minutos suas técnicas de conduzir à percepção da natureza assim como seu encantamento com a beleza do lugar.

Atividade Mestra

A Sharing Nature Walk Audio Cassette

Leia também da EDITORA AQUARIANA

Criar para Brincar

a sucata como recurso pedagógico

Nylse Helena Silva Cunha

Este livro propõe atividades que podem ser feitas pelas crianças, contribuindo para elevar o autoconceito e é estruturado em vários capítulos, cada um contendo atividades que desenvolvem as habilidades motoras, as percepções, a estruturação tempo-espacial, o pensamento, letras e palavras, a matemática, brincar, jogar e competir.

Walden ou a Vida nos Bosques

inclui "A Desobediência Civil"

Henry David Thoreau

Desde a sua publicação, em 1854, *Walden ou a Vida nos Bosques* se converteu numa bíblia secreta, lida e amada no mundo inteiro. Sem este livro planetário, que une poesia, ciência e profecia, não teria havido Gandhi, o movimento ecológico e a rebelião mundial da juventude. Pelo seu dom de fazer florir o coração do homem, esta obra é uma semente.

COLEÇÃO
ARCA DA SABEDORIA

Contos Mágicos Vikings

Nos contos recolhidos nesta obra são retratados os imaginários de personagens vikings e de povos nórdicos que herdaram suas tradições. Incluem fantasmas, criaturas das águas, elfos, conferindo uma tonalidade mágica às tramas desenroladas.

Contos Mágicos Persas

Interessante seleção permeada de humor que compõe um mosaico maravilhoso do imaginário literário persa, terra culturalmente fértil e berço das mais antigas civilizações.

Contos Budistas da China

"Perceber as dificuldades da vida para que se conheça a verdadeira felicidade." É esta a máxima budista que permeia os textos aqui apresentados. A verdade, a amizade, a ingratidão e o sexo são alguns deles.

Uma continuação ao GUIA DE ATIVIDADES PARA PAIS E EDUCADORES (*VIVÊNCIAS COM A NATUREZA 1*). As atividades de Vivências com a Natureza, ao brincarem com nossos sentidos e afetos, nos tocam fundo pelos aspectos belos, ricos em diversidade, alegres, além de profundos e elevados dos elementos da natureza. Aprendemos com a simplicidade do natural, do diálogo e de compartilhar experiências e conhecimentos. Isso só pode ser feito quando temos clareza de que a sociedade moderna confunde complexidade com complicação, e simplicidade (a essência do complexo), com ser simplista e reduzir tudo e todos a mero consumo. Vivems em uma sociedade simplista, predatória e dispersa, distante demais da complexidade e da delicadeza da Vida.

Rachel Trajber,
Coordenadora-Geral de Educação Ambiental - MEC
Fevereiro / 2008